首都经济贸易大学会计学科·青年学者文库

本书的出版得到国家社会科学基金重点项目“推进我国资本市场的改革、规范和发展研究（14AZD035）”和首都经济贸易大学北京市属高校基本科研业务费专项资金（XRZ2020037）的资助

基于公司治理视角下的上市公司欺诈问题研究

马 奔 著

中国财经出版传媒集团
中国财政经济出版社

图书在版编目（CIP）数据

基于公司治理视角下的上市公司欺诈问题研究 / 马奔著. -- 北京：中国财政经济出版社，2021.5
（首都经济贸易大学会计学科·青年学者文库）
ISBN 978-7-5223-0470-0

Ⅰ.①基…　Ⅱ.①马…　Ⅲ.①上市公司-财务管理-诈骗-研究-中国　Ⅳ.①F279.246

中国版本图书馆 CIP 数据核字（2021）第 057643 号

责任编辑：武志庆　　责任校对：张　凡
封面设计：智点创意　　责任印制：党　辉

基于公司治理视角下的上市公司欺诈问题研究
JIYU GONGSI ZHILI SHIJIAO XIA DE SHANGSHI GONGSI QIZHA WENTI YANJIU

中国财政经济出版社 出版

URL：http：//www.cfeph.cn
E-mail：cfeph@cfeph.cn

社址：北京市海淀区阜成路甲 28 号　邮政编码：100142
营销中心电话：010-88191522
天猫网店：中国财政经济出版社旗舰店
网址：https：//zgczjjcbs.tmall.com
北京富生印刷厂印刷　各地新华书店经销
成品尺寸：147mm×210mm　32 开　6.75 印张　180 000 字
2021 年 5 月第 1 版　2021 年 5 月北京第 1 次印刷
定价：32.00 元
ISBN 978-7-5223-0470-0
（图书出现印装问题，本社负责调换，电话：010-88190548）
本社质量投诉电话：010-88190744
打击盗版举报热线：010-88191661　QQ：2242791300

自1990年11月26日上海证券交易所正式挂牌成立，中国资本市场迄今已走过30年的发展历程。2019年中国公开交易股票总市值达50万亿元，日均交易额5000亿元，融资融券、股指期货、股指期权等衍生品交易额不断增长，同时以“科创板”的运行为标志，交易制度的改革与完善正在加速推进。30年的发展不仅有力支持了中国实体经济的发展，而且带动中国金融业的快速发展。中国已逐步拥有一个对世界经济影响举足轻重且影响力不断提升的资本市场。但辉煌成就的背后各类隐忧仍存，其中，上市公司欺诈现象是一直困扰我国资本市场的重要问题。尤其是进入21世纪以来，先后爆发亿安科技、蓝田股份、银广夏、绿大地、万福生科，以及近年的长生药业、康得新、康美药业等骇人听闻的欺诈事件。这些公司欺诈行为严重地破坏了市场秩序，损害了广大中小投资者的合法权益，打击了投资者对市场的信心，影响了中国金融业在国际社会的形象和声誉，对我国资本市场的发展形成巨大的困扰。虽然监管层一再加强各类监管措施，媒体和投资者也给予极大的关注，但大规模的上市公司欺诈案件仍然层出不穷，甚至有愈演愈烈之势。每年欺诈事件的数量快速增长，参与欺诈的上市公司数量逐年升高，且有相当多的上市公司重复参与欺诈，问题显得越来越严峻。同时，自2015年底IPO再一次重启和规则的调整后，及科创板的创立，IPO发行明显提速，我国股市规模开始新一轮的快速增长。如果上市公司欺诈问题得不到有效的治理，上市公司质量得不到有效提升，那么资本市场体量的不断增大就同时意味着风险的持续与快速堆积。因此，如何有效地防范、监管上市公司欺诈行为是我国资本市场当前发展亟待解决的重要课题。

从现有相关研究来看，主要存在两方面的不足：一是大量研究难以精准聚焦公司欺诈问题，监管层决策基础依赖于财务欺诈、公司违规或盈余管理等方面的研究，而公司欺诈与这些概念之间虽具有一定的相关性但存在本质差别，由此可能导致研究结论与政策制定缺乏精确性与针对性。二是缺乏对部分可观测问题的考量。已发生的欺诈并不能全部被发现，传统研究依赖的单变量估计实质上将已发现的欺诈与全部已发生的欺诈直接等同，一方面低估了公司欺诈的影响，另一方面甚至可能导致研究结果偏误。从监管者的角度看，降低（提高）公司欺诈发生的因素应是积极的因素，降低（提高）公司欺诈被发现的因素是消极因素，而大量现有研究显然无法对其进行具体的甄别。基于此，本书尝试对中国上市公司欺诈问题进行较为系统的理论研究与实证分析，主要包括以下三方面内容：

1. 首先综合经济学、语言学、法学等领域的相关理论，尝试对上市公司欺诈进行明确的定义，并指出上市公司欺诈行为三个必要的构成要素：(1) 实施主体存在主观上的刻意性；(2) 以广大外部中小投资者为欺诈对象；(3) 行为可能造成（比一般的公司欺诈和公司违规）严重的后果。这些要素是上市公司欺诈与其他行为的根本区别所在。在此基础上，本书构造了一个专门针对中国上市公司欺诈行为的研究样本，对中国上市公司欺诈状况进行总体分析，并就公司治理与上市公司欺诈之间的关系进行简要的理论建模分析。

2. 分别从公司内部治理和外部治理的角度，实证检验了一些最为重要的公司治理因素与上市公司欺诈之间的关系。发现：(1) 控股股东持股比例可以有效降低上市公司的欺诈倾向，非控股股东持股比例显著提高上市公司的欺诈倾向，这种区别源于控股股东是相对长期的投资者，而非控股股东是更偏向短期的投资者。在公司内部已经发生欺诈活动的前提下，所有大股东会共同降低欺诈活动被发现的概率，存在共谋掩盖欺诈事实的嫌疑。(2) 自2005年我国上市公司开始大范围推行绩效薪酬的激励方式以来，上市公司高管的货币薪酬、持股以及股权激励计划的实施都显著提高了上市公司的欺诈倾向。同时，高管在欺诈事件曝光期间存在明显的减持现象，表明与美国安然事件及次贷危机中的企业一样，我国上市公司也存在为了追逐绩效薪酬带来的高额短期激励，高管不惜通过欺诈手段牺牲中小股东利益的现象。(3) 证券分析师一方面可以发挥有效的外部监督作用，降低上市公司的欺诈倾向，另一方面却显著降低了欺诈事件被发现的概率，且后者的效用强于前者。表明证券分析师基于利益考量，会提供低质量的信息，扰乱金融市场的监管。造成这一现象的主要原因是当前市场对分析师的评价体系过于单一，以及我国做空机制发展过慢，导致证券分析师缺少揭露上市公司欺诈行为的主动性和积极性。

3. 在理论分析和实证研究的基础上，本书有针对性地提出一些政策建议，包括加大对上市公司欺诈行为的惩罚力度，建立合理激励机制以激发市场揭露欺诈的潜能，引导长期价值投资理念以充分发挥大股东积极的治理作用等，有效防范上市公司欺诈。

综上所述，本书对中国上市公司欺诈行为进行了较为系统和深入的研究，并重点对几个最为重要的公司治理因素与公司欺诈的关系进行了全面的理论分析与实证检验。本书的创新性首先在于对上市公司欺诈进行明确的定义和阐释，并构建相应的数据样本，与大部分现有研究以财务欺诈、公司违规为研究目标相比，本书更加纯粹地研究了中国上市公司欺诈行为。其次，本书尝试将考虑部分可观测问题的 Bivariate Probit 估计应用于金融监管问题的研究，一方面有效降低了研究结果偏误，另一方面同大量已有研究只聚焦于上市公司欺诈的原因相比，本书同时涵盖了欺诈的原因和监管两个问题。由于将公司治理角色对上市公司欺诈的影响机制解构为欺诈的发生和发现两个部分，相比应用单一变量 Probit 或 Logit 估计的传统研究，本书可以对各公司治理角色的效用做出更加客观准确的评价，从而为监管政策建议的制定提供了较为可靠的经验证据。

绪 论

1.1 研究背景、意义与研究目的

1.1.1 研究背景与研究意义

近几年来，我国A股上市公司博元投资、欣泰电气、长生药业先后因涉嫌欺诈而遭强制退市。在此之前中国股市一直因缺乏退市机制而广受诟病，这些退市事件开创了我国资本市场的先河，充分彰显我国证券业的发展与进步。但在这些公司刚爆发出造假丑闻伊始，股价迅速走出多个跌停板，尽管事后监管部门设法采取了一定的补偿措施，但众多中小投资者承受的绝大部分损失事实上难以挽回，同时，上市公司欺诈事件也给整个市场和社会造成了极其恶劣的影响。实际上，自上海和深圳证券交易所成立以来，上市公司欺诈就一直是困扰我国资本市场发展的重要问题。从21世纪初著名的亿安科技、蓝田股份、银广夏到后来的绿大地、万福生科，再到近年的博元投资、欣泰电气、长生药业、康美药业等，我国资本市场在短短十几年时间就爆发了多起令人震惊的上市公司欺诈丑闻。这些上市公司的欺诈行为严重地破坏市场秩序，损害广大中小投资者的合法权益，打击投资者对市场的信心，严重影响中国金融业在国际社会的形象和声誉，给我国资本市场的发展形成巨大的困扰。中国资本市场经过将近30年的发展，监管部门在不断积极地采取各种措施强化监管，如提高上市公司信息披露透明度，加强上市公司内部控制，对上市公司违规行为的处罚日趋严厉等，媒体对上市公司监督作用越来越强，机构投资者规模在不断壮大，个人投资者的水平也在不断提高，可上市公司欺诈问题仍然屡禁不止，甚至有愈演愈烈的态势，每年欺诈事件的数量快速增长，参与欺诈的上市公司数量逐年升高，且有相当多的上市公司多次参与欺诈，问题显得越来越严峻。

我国国民经济和社会发展的“十三五”“十四五”规划中均明确提出“提高直接融资比重”，在当前中国经济处于全面深化改革的大背景下，资本市场正在步入一条加速发展的轨道。随着 2015 年底 IPO 再一次重启和规则的调整，以及科创板“注册制”的实施，我国股市规模开始新一轮的快速增长。然而，如果上市公司欺诈问题得不到有效的治理，那么资本市场体量的不断增大将意味着风险的持续堆积。因此，如何有效的防范、监管上市公司欺诈行为是我国资本市场当前面对的重要课题。解决该问题首先依赖于对上市公司欺诈行为有系统的认识和全面的把握，只有对引发欺诈的原因、作用机制及如何监管等重要问题有深入的理解和把握，才能促进监管层实施更加有效的改革措施，完善市场环境，推进资本市场的健康发展。

尽管（上市）公司欺诈是一个自上而下，从管理层到媒体，再到普通民众广泛关注的话题，然而对该问题的研究在国内学术界并没有充分的展开，尤其是与以美国为代表的国外学术界相比，差距较大。国外学界 21 世纪之前在该问题的研究上也进展缓慢，主要以多因素理论（Bologna 等，1995）为代表，探究导致公司欺诈的原因，但在 21 世纪初安然、世通等公司欺诈丑闻曝光后，公司欺诈问题开始引起国外学者的广泛关注，出现大量的研究成果，关注的焦点也不再仅局限于公司欺诈的原因，而是逐渐形成了从公司欺诈的原因到影响公司欺诈的各种因素，公司欺诈的识别与监管以及公司欺诈的后果分析等一个比较系统的体系。而从国内学界来看，尽管公司治理领域的研究在近年来得到快速的发展，但相关研究主要围绕财务舞弊（黄世忠等，2004；汪昌云等，2010；吴革等，2008；杨清香等，2009；钱萍、罗玫，2015）、公司违规（蔡志岳、吴世农，2007；陆瑶等，2012；陆瑶、李茶，2016；沈华玉、吴晓晖，2017）及盈余管理（陈习定等，2016；李春涛等，2014）等问题，极少有直接以上市公司欺诈为探讨对象的研究，更加缺乏对上市公司欺诈问题系统性的研究。因此，对我国上市公司欺诈问题进行深入、系统的探讨和分析，不仅对于实务界有重要的指导意义，同样对学界具有重要的理论意义。

1.1.2 研究目的

上市公司欺诈归根结底属于公司治理问题的范畴。按照公司运行的环境划分，公司治理包括内部治理和外部治理。公司内部治理主要是讨论如何进行一系列的制度安排，合理界定和配置公司内部各个治理角色的权利和义务，协调公司管理者、股东、债权人、员工等角色之间的利益，保证公司决策的科学性与合理性。公司外部治理主要是讨论公司外部角色如监管者、媒体、分析师、审计师等角色对公司运行的影响及与内部角色之间的互动关系。在大量的上市公司出现之前，对公司治理问题的讨论主要集中于如何解决公司的股东与管理者之间的利益冲突，使管理者的经营活动与股东的利益趋于一致。然而随着上市公司的规模和数量的快速发展，现代公司治理问题的核心已经从单一的一级委托-代理问题——公司股东与管理者之间的利益冲突（Jensen 和 Meckling，1976）——转化为一级代理问题和二级代理问题——公司大股东、管理者与外部中小投资者之间的利益冲突（La Porta 等，1999；Claessens，2000）——并存的局面。

从公司内部治理的角度看，公司高管和大股东是核心的治理角色。在现代上市公司的运行体系中，由于企业规模越来越大，经营活动越来越复杂，大部分与上市公司相关的治理角色只能获得局部的信息，只有公司高管可以掌握较为全局的信息，对于公司的实际经营状况、发展趋势有较全面和准确的把握，拥有突出的信息优势。大股东凭借对公司事务的投票权拥有决策权的优势，且由于经常与公司高管互动，也是相对较有信息优势的群体，两者是证券市场上的“强势群体”。其他公司内部角色如中小股东、公司员工等由于既无信息优势，也无决策权优势，是证券市场上的“弱势群体”。从上市公司欺诈的实践来看，绝大部分欺诈活动的源头都可以追溯到公司的高管或大股东身上，而中小股东和公司员工（尤其是中小股东）往往是上市公司欺诈最主要的受害者。因此，从公司内部治理的角度看，大股东与高管是上市公司欺诈活动的核心角色，两者的治理作用是讨论上市公司欺诈行为时无法回避的重要话题。大股东与高管的哪些特征会加重或降低欺诈的严重程度，以及具体的影响机制应当成为重要的研究内容。

从公司外部治理的角度看，现今上市公司的经营活动受到越来越多公司外部治理角色或外部监管角色的影响，主要包括审计师、律师、证券分析师、媒体、监管者、机构投资者等。就公司欺诈而言，证券分析师的治理作用可能最为复杂。一方面，对于公司内部已经发生的欺诈活动，挖掘公司的真实信息，揭露上市公司的欺诈活动是证券分析师的职责所在，在这一点上证券分析师与审计师、律师、媒体和监管者是一致的。另一方面，与其他外部监管角色不同的是，证券分析师与机构投资者可以通过公司股价的上涨获取巨大的私人收益，而一旦公司曝光欺诈事件，股价下跌，证券分析师与机构投资者将承受巨大的损失。因此，在所有外部治理角色中，只有证券分析师既有揭露上市公司欺诈的职责义务，又存在不希望上市公司欺诈曝光的主观意愿，存在互为矛盾的利益动机，其对上市公司欺诈行为的影响可能最为复杂。从近几年的实践来看，中国的证券分析师规模逐年快速增长，随着通信技术的发展带来信息传递成本的下降，分析师对市场的影响力与日剧增，一方面，他们提供的大量研究报告降低了投资者，尤其是中小投资者获取信息的成本，在中国的投资者教育方面发挥了重要的积极作用，另一方面，大量上市公司股价与分析师报告的预测水平相去甚远，大量投资者由于误信分析师报告损失惨重，并由此导致对分析师大量的消极评价，甚至有少数分析师被曝光与上市公司合谋操纵股价或进行内幕交易等，中国的证券分析师群体陷入一定程度的信任危机。因此，从公司外部治理的角度看，证券分析师的治理作用是上市公司欺诈研究中一个非常值得研究的问题。

因此，虽然上市公司欺诈问题的构成极其复杂，涉及多方面的内容，但是上市公司高管、大股东以及证券分析师作为重要的公司治理角色，是探讨上市公司欺诈行为非常值得重点关注的问题。厘清三者对上市公司欺诈行为的影响以及具体的作用机制，是上市公司欺诈研究进一步拓展的重要基础，因此，本书将把这三种公司治理角色与上市公司欺诈的关系作为主要的研究目的。

1.2 研究设计

通过对国内外相关研究的梳理（详见第2章），可以发现国外研究已经形成一个内容丰富、比较系统的体系，与之相比，国内相关研究虽然也产生了不少研究成果，可以为本书提供相当有价值的借鉴，但总体来讲存在以下的不足之处，同时也是本书研究的出发点：

1. 对于上市公司治理与公司欺诈的关系，缺乏系统性的研究。首先，缺少真正意义上以公司欺诈行为目标的研究。国内相关研究有两类，一类是以财务舞弊或会计舞弊为研究目标，主要是探讨如何通过财务指标构建会计舞弊预警系统；一类以违规行为为研究目标，而这两种行为实际上都无法直接与公司欺诈行为划等号。前者缩小了公司欺诈的范围，后者涵盖的范围又远大于公司欺诈。还有大量学者对盈余管理进行研究，盈余管理与公司欺诈的概念则更是相去甚远。因此，严格地说，国内较缺乏专门针对上市公司欺诈的研究。公司违规、财务舞弊等行为相对较容易识别，数据样本的选择也不易引起争议，而公司欺诈则相对较难进行准确的定义。其次，即使将公司违规、财务舞弊等同于公司欺诈，国内也缺乏就上市公司治理与公司欺诈关系系统性的研究。国内学者一方面较为偏重一些“中国特色”因素的研究，比如中国式的老乡关系（陆瑶，胡江燕，2016），政治关联度（Li Minwen 等，2015），另一方面偏重一些国际较为前沿的学术方向，比如网络位置（万良勇，2014）等，但对于公司治理中最为重要和传统的因素，如股权结构、管理层激励等与公司欺诈的关系，国内鲜有涉猎。而事实上，尽管这些相关研究在国外已经获得了充分的发展，但是在国内仍然是一个非常值得研究的问题，因为上市公司治理因素与公司行为之间的关系可能因市场环境的不同而表现迥异（Armstrong 等，2010；Degeorge 等，2013），对于这些最为重要的公司治理因素与公司欺诈之间的关系必须以中国资本市场重新进行严格的检验，发现属于自身的特殊性，将理论与实际紧密结合，指导监管实践，否则，如果直接照搬国外的研究结论，可能造成严重的后果。

2. 大部分相关研究忽略了部分可观测问题。部分可观测问题是金融监管类研究中普遍存在的一个问题。具体到公司欺诈的研究，是指：我们能观测到的样本是实施了并且被发现的欺诈活动，实际上有的欺诈事件虽然已经实施但并未被发现，这就导致无法将所有实际发生的欺诈事件纳入研究样本，因此，会对实证研究的结果造成偏误。国内外早期的研究一般使用单一变量的 Probit 估计等类似方法，暗中将观测到的样本等同于所有已经发生的欺诈事件，不仅造成研究结果的偏误，而且无法论证这些公司治理因素究竟如何影响公司欺诈（是影响欺诈的发生过程还是发现过程）。近年来，国外有越来越多的文献通过应用 Bivariate Probit 估计降低部分可观测问题的影响，进行金融监管类问题的实证研究，国内少数学者（陆瑶等，2012；万良勇等，2014）也开始应用该方法。但还未有人使用该方法论证公司股权结构、管理层激励、证券分析师等这些重要的公司治理因素对上市公司欺诈的影响。忽视部分可观测问题除了低估欺诈的影响，造成研究偏误，带来的另外一个问题是无法具体探讨公司治理因素对公司欺诈的影响机制，并可能导致错误的评价公司治理因素的效用：若某种治理因素可以包庇公司内部的欺诈活动，显著地降低公司欺诈被发现的可能，那么这显然是一种消极的影响。然而，传统的研究因为只考虑了欺诈的发生过程，通过单一变量的回归会得出与公司欺诈负相关的结论，直接认定该因素可以有效的降低公司欺诈发生的可能性，那么自然也就成为一种积极的公司治理因素。这就得研究结论与实际情况完全颠覆。而应用 Bivariate Probit 就可以有效减少这种状况的发生。由于同时考察公司欺诈的发生与发现两个过程，使研究同时覆盖了公司欺诈的原因与监管两大问题，研究结论对监管层也具有更加实际的借鉴意义。

1.2.1 研究内容

本书的研究主要拟解决以下五个关键问题：

（1）上市公司欺诈理论演进

21 世纪初，被奉为效率和诚信典范的美国资本市场先后爆发了令世人震惊的安然公司、世通公司等一系列公司欺诈丑闻，引发学界深刻反思。在此之前，公司欺诈只被普遍认为是少数质量较差的上市公司采取的极端行为，对相关研究仅停留于对公司欺诈原因或动机的探索。丑闻爆发后，大量针对性研究井喷式爆发。因此，本书首先对近十几年来公司欺诈这一庞大理论体系进行系统的梳理与归纳，包括公司欺诈的动机、影响因素、识别、揭露和后果等方面，尤其是公司高管特征、公司文化、社会关系、经济周期、监管环境等较新的成果进行较为详细的阐释。这些研究成果一方面可以揭示当前针对中国上市公司欺诈的研究存在的不足与缺陷，同时为本书后续研究假设的推导、研究方法的合理性等提供充足的理论支持。

（2）中国上市公司欺诈概况及理论分析

上市公司欺诈是一个在媒体报道、投资者或监管层表述出使用频率极高的一个词语，但是却很少在国内的学术研究中出现。大部分相关研究主要将研究目标集中于财务舞弊或公司违规，然而，这些行为与公司欺诈有本质的区别，对它们的研究不能直接等同于对公司欺诈的研究。本书首先从“欺诈”一词的由来入手，探讨一般民事欺诈的特征，进一步延伸至一般的公司欺诈，聚焦于上市公司欺诈，对其定义和内涵进行了详尽的论述，归纳构成上市公司欺诈行为的核心要素，并探讨上市公司欺诈与上市公司违规行为、盈余管理等这些相关概念的联系和区别。在此基础上，本书对上市公司欺诈的行为进行界定，对主要的欺诈形式进行归类和总结，然后构建一个专门针对上市公司欺诈的研究样本，使本书成为国内为数不多的真正意义讨论上市公司欺诈行为的研究。此外，本书还结合最新的理论研究成果，运用数理模型对公司治理与上市公司欺诈之间的关系进行了一个较为规范的理论分析。

（3）股权结构与上市公司欺诈

在实证研究部分，本书首先关注上市公司股权结构与公司欺诈的关系。同英美等发达国家相比，我国上市公司的股权结构表现出两个显著的特征：一是国有股占比较高，上市公司超过 50% 的企业为国有企业，控股权掌握在中央及各级地方政府手中。二是我国上市公司大股东的持股比例较高，股权集中度较高。股权集中度又包括两个方面，一是控股股东的持股比例，二是除控股股东外其他大股东的持股比例，又称之为股权制衡度。已有研究对我国上市公司股权结构与公司欺诈关系的研究较少，少数研究主要通过股权集中度与公司绩效的关系间接推衍股权集中度与公司欺诈的关系，并且由于没有考虑部分可观测问题，尚没有直接而清晰的研究结论。本书跳出这一理论框架，对于股权国有性质与上市公司欺诈的关系，主要是通过国有企业的欺诈成本来分析；对于股权集中度和股权制衡度与上市公司欺诈的关系，主要是从大股东更倾向于长期投资者还是短期投机者的角度进行分析，在具体的分析过程中，充分考虑部分可观测问题，区分大股东对公司欺诈发生和发现的不同影响，以求研究结论可以从公司欺诈的角度尽量准确地评价大股东的公司治理效应。

（4）高管激励与上市公司欺诈

本书接下来聚焦以绩效薪酬为代表的高管激励方式与上市公司欺诈的关系。在安然事件之后，国外学界开始以绩效薪酬契约为重要的切入点，分析上市公司欺诈的诱因。在2008年次贷危机之后，学界对绩效薪酬契约的关注度进一步上升。主要的焦点在于：①绩效薪酬是否会导致上市公司更多的参与欺诈？②具体哪种激励方式更容易导致上市公司欺诈？由于业绩薪酬的公司治理效用可能因所在国家地区的不同而表现迥异，因此，本书就以上两个问题给出了来自中国资本市场的直接证据，发现高管的货币薪酬、持股价值、减持行为以及股权激励计划都不同程度地诱导了上市公司的欺诈行为，上市公司高管会为了追逐高额的短期激励而选择参与欺诈活动。

（5）证券分析师与上市公司欺诈

证券分析师作为上市公司与投资者之间信息传输的纽带，对资本市场具有不可忽视的影响，是重要的外部治理机制。随着中国资本市场的发展，证券分析师不仅在人数规模上不断壮大，也在市场上发挥越来越重要的作用。一方面证券分析师可以提供有效地信息，降低上市公司和投资者之间的信息不对称性，可以促进资源更合理的配置，并且可以有效地监督和震慑上市公司欺诈行为；另一方面，由于分析师身处机构投资者、上市公司以及券商利益冲突的漩涡之中，而上市公司欺诈事件的曝光对分析师本人也存在不利的影响，证券分析师又存在隐瞒不利信息，发布偏积极的研究报告误导中小投资者的倾向。因此，从公司欺诈的角度看，证券分析师的公司治理效用是极其复杂的。本书通过检验证券分析师对上市公司欺诈发生的影响考察分析师对上市公司的监督效用，通过检验证券分析师对欺诈发现的影响考察分析师在信息传递方面的作用，并具体检验机构投资者、上市公司的并购活动、经济周期对分析师行为的影响，以及研究报告的盈利预测偏差是否和上市公司欺诈事件有相关关系等，全面解读在当前我国资本市场的发展阶段，证券分析师到底如何影响资本市场，是否能够真正发挥有效的监督上市公司，传递真实信息和促进资源配置的作用。

1.2.2 研究方法

(1) 文献研究法

本书就上市公司欺诈相关的国内外学术进展进行了较长时间的追踪，试图全面、准确地把握相关研究的理论演变、实证方法的发展及相关最新的研究成果，通过掌握大量文献，对已有成果和研究趋势进行总结，并在此基础上构建本书研究的理论框架。

(2) 交叉学科的研究方法

本书首要解决的问题就是如何对上市公司欺诈进行准确的定义，这不仅仅涉及经济学的范畴，而且需要借鉴语言学、法学等学科的相关理论来解决。本书全面参考了各学科有关“欺诈”定义的阐释，首先追溯欺诈一词起源，再到一般民事欺诈的定义，然后进一步延伸至一般公司欺诈，并最终聚焦上市公司欺诈，以便能够全面、深入、准确地对上市公司欺诈进行定义，并在定义的基础上对具体的行为进行界定。

(3) 规范分析和实证分析相结合

在梳理文献研究的基础上，分别就股权结构、管理层激励和证券分析师与上市公司欺诈的关系及作用机制进行规范分析，注重逻辑性，提出合理假说，在理论分析的基础上，以中国上市公司欺诈数据进行实证分析，对提出的理论假说予以检验，做到规范分析与实证分析相辅相成，互相验证。

(4) 多种计量方法并用

为了有效地降低部分可观测问题，本书主要使用基于面板数据的，考虑部分可观测问题的 Bivariate Probit 估计方法来考察上市公司治理与公司欺诈的关系。同时也注重多种计量方法相结合。一方面，依据具体的情境，对于某些不存在部分可观测问题的实证检验，使用单变量的 Probit 估计、OLS 估计等方法，另一方面，基于样本配对的条件 logit 法是目前金融监管研究领域另一主要的实证方法，在部分稳健性检验中本书对研究假设应用该方法重新进行估计，与主要的实证结论进行比较，以验证结论是否稳健。

1.2.3 研究思路与技术路线

本书将在相关研究的基础上，主要就上市公司欺诈理论，以及股权结构、管理层激励和证券分析师与上市公司欺诈的关系展开研究。具体的研究思路为：第 2 章首先从公司欺诈的动机、影响因素、识别、揭露、后果等方面对代表性文献进行综述，系统梳理国内外公司欺诈理论演进；第 3 章讨论上市公司欺诈的定义、行为的界定以及上市公司欺诈与违规等其他相关行为的区别和联系，并在此基础上构建中国上市公司欺诈行为的样本，对中国上市公司欺诈行为进行描述与总结，并运用数理模型，在实证检验之前对上市公司治理与公司欺诈之间的关系进行简要的理论分析；第 4 章讨论上市公司股权结构与上市公司欺诈的关系，并对本书主要使用的实证方法，考虑部分可观测问题的 Bivariate Probit 估计进行具体的介绍；第 5 章讨论高管激励与上市公司欺诈的关系；第 6 章讨论证券分析师与上市公司欺诈的关系；第 7 章对本书的主要结论进行总结，并在此基础上提出相关的政策建议，以及本书的局限性和研究展望。

具体的技术路线和研究框架见图 1－1。

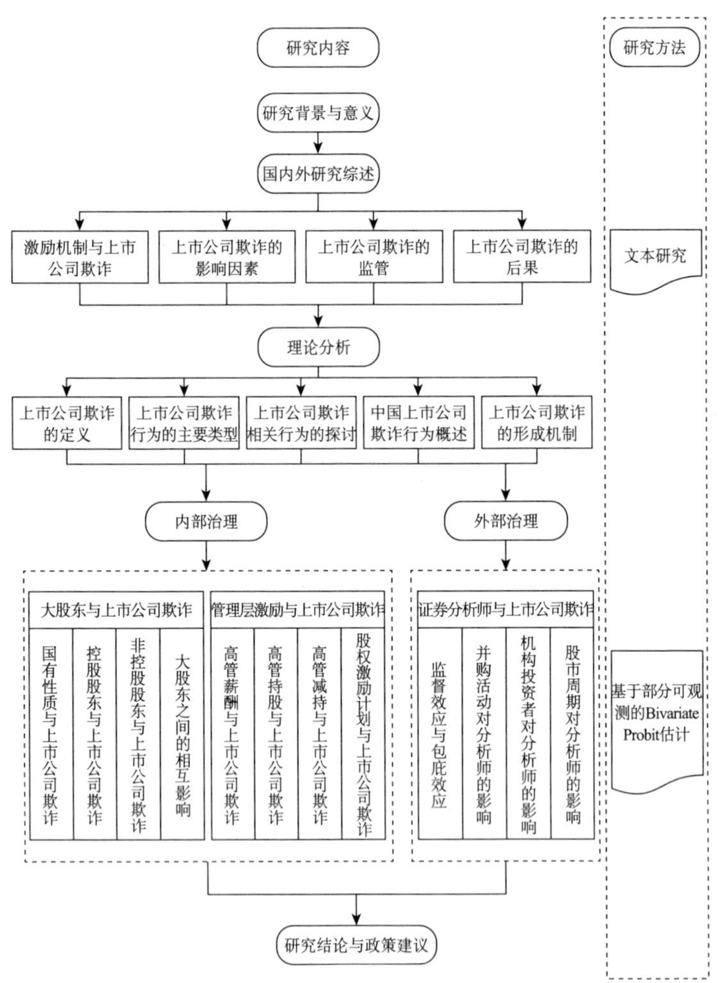

图 1－1　本书的技术路线

1.3 本书主要创新点

本书在系统回顾和总结上市公司欺诈相关研究的基础上，实证检验了股权结构、高管激励及证券分析师如何影响上市公司的欺诈活动，较全面地考察了公司内、外部治理与上市公司欺诈之间的关系，期望能进一步丰富和拓展现有中国上市公司治理方面的研究，本书的创新之处主要体现在以下三个方面：

（1）明确了上市公司欺诈的定义，构建了一个专门针对中国上市公司欺诈行为的研究样本。本书对上市公司欺诈的定义和内涵进行了充分的讨论，并明确了构成上市公司欺诈行为的核心要素，这些核心要素也是区分上市公司欺诈行为和公司违规等其他相关行为的界限。在对上市公司欺诈明确定义的基础上，本书以国泰安上市公司违规行为数据库为基础，通过逐条筛选，剔除大量属于违规行为但不构成欺诈行为的案例，构建了一个专门针对上市公司欺诈的研究样本，这些工作使本书成为国内鲜有的真正意义上分析中国上市公司欺诈行为的研究。

（2）通过应用 Bivariate Probit 估计，有效地降低部分可观测问题。考虑部分可观测问题的 Bivariate Probit 估计方法近几年在国内外金融监管研究领域逐渐开始应用，可以有效降低部分可观测问题。本书在充分借鉴现有研究的基础上，构建相应的计量模型，并引入更加丰富的变量，然后从多角度对基本结论进行实证检验。在对模型和变量进行仔细筛选的基础上，本书构造出的模型可以有效估计中国上市公司欺诈事件的发生和发现两个过程。估计过程更加贴近现实情境，并有效地降低了部分可观测问题带来的偏误。

（3）研究同时涵盖了欺诈的原因和监管两大问题。国内大部分相关研究只考察了公司治理因素对上市公司欺诈的诱导或抑制作用，讨论引发上市公司欺诈的原因。而本书由于同时考察了欺诈事件的发生和发现两个过程，使研究同时涵盖了上市公司欺诈的原因和监管两大问题，研究的内容更加广泛。同时研究结论扭转了一些已有的认识误区，比如尽管非控股股东与上市公司欺诈发生有显著的负相关关系，但这是由于非控股股东可以抑制欺诈事件被曝光的可能性，并非可以有效地抑制公司的欺诈倾向；证券分析师尽管可以发挥积极的公司治理作用，降低上市公司欺诈倾向，但相比而言，其在掩盖公司欺诈事件上消极的公司治理作用更加显著。这与一些已有研究认为非控股股东和证券分析师可以较好地发挥公司治理作用的结论存在较大的出入。这些结论扭转了一些已有认识的误区，帮助广大普通投资者更加有效地解读上市公司信息，并给监管改革的方向提供了直接的政策依据。

第2章 公司欺诈理论的演进

21 世纪初，被奉为效率和诚信典范的美国资本市场，先后爆发了令世人震惊的安然公司、世通公司等一系列公司欺诈丑闻，令人对其诚信体系产生巨大的质疑，并引发学术界的深刻反思。此前，学术界普遍认为欺诈行为是少数质量较差的上市公司采取的极端行为，对其研究主要局限于探索公司欺诈的原因。然而，安然事件的爆发让国外学术界开始重新审视公司欺诈现象。美国上市的公司每年有 2%—5% 因欺诈要受到美国证监会的调查（Cumming and Johan，2013）。Dyck 等（2010，2013）估计美国有高达 14% 的上市公司进行欺诈活动。一家公司欺诈的成本占其市值的 20%—38%，美国每年总计约有 3800 亿美元的价值损失。公司欺诈现象已成为美国资本市场面临重大的伦理问题。

近 20 年来，国外学术界从多个角度对公司欺诈展开了研究。从研究广度看，研究目标从单一的欺诈原因研究扩展到欺诈行为的动机、影响、稽查、监管等多个方面，使该问题研究形成了涵盖经济学、管理学、社会学、法学、统计学、心理学等多个学科的跨学科研究体系；从研究深度看，对于公司欺诈的原因，学术界的研究焦点不再局限于先前的多因素理论和模型，转而深入探讨诱发公司欺诈行为的决定机制——管理层激励，尤其是对具体的激励手段和方式（绩效薪酬契约）进行了重点剖析；从研究范式看，得益于安然等一大批欺诈事件曝光所提供的数据样本，公司欺诈研究从过去较多的理论分析迅速拓展到理论模型与经验分析相结合的研究。

2.1 公司欺诈动机的理论解释与实证检验

2.1.1 传统理论对公司欺诈动机的解释

资本市场公司欺诈现象由来已久，长期以来国外学术界对欺诈发生的动机进行了多方面的探讨。主要包括多因素动机、融资动机、盈利动机等方面的解释。

传统的多因素动机理论（Bologna & Lindquist，1995）认为，公司欺诈的发生动机可归纳为个体风险因素和一般风险因素的共同作用，所谓个体风险因素是不受监管制度控制的因素，例如道德品质等；而一般风险因素则是可控的，比如欺诈行为被发现的概率、欺诈实施者被惩罚的力度等。融资动机理论认为，企业热衷于欺诈主要是通过夸大公司的盈利和资产价值，以获得有利的外部融资。Dechow 等（2011）的研究发现美国证券交易委员会执法行动（AAERs）数据库中涉及公司欺诈的样本公司，发生欺诈主要是在发行新证券的时候。Richardson 等（2006）发现，重新上市的公司债务水平较高，收益增长预期异常高，并推断出经理管理者操纵收益的主要动机是为了吸引低成本的外部融资。赢利门槛理论认为，当经理人面临达到收益阈值的压力时，比如分析师的收益预期，他们可能会倾向于操纵收益，尤其是在所有快速增长的公司都经历的不可避免的增长下降期间，当公司预期绩效下降时，经理人参与欺诈活动的动机会增强。

这些研究成果尽管对于后续研究具有重要的借鉴价值，但研究结论过于笼统化、抽象化，一方面很难解释近年来公司欺诈的国际普遍性和愈演愈烈的趋势，尤其是对安然等大公司的欺诈行为无法给出满意的解答；另一方面，很难直接应用于实证分析，难以具体指导监管实践。因此，传统理论的研究框架逐渐被主流学者所摒弃。

在安然和世通等美国大公司欺诈丑闻中，集中暴露了公司经理人为获取高额薪酬，追逐自身利益而不惜操纵公司利润的行径。这使研究者把关注点聚焦到公司激励机制上，认识到管理层薪酬契约为代表的管理层激励方式，已成为诱导上市公司实施欺诈，并导致公司欺诈活动的规模和危害程度今非昔比最主要、最根本的原因。

2.1.2　绩效薪酬约理论对公司欺诈动机的解释

现代公司理论认为，公司所有权和控制权的分离引发公司管理层的机会主义行为，产生委托 - 代理问题。Jensen & Meckling (1976) 认为，由于信息不对称、证实成本高昂等原因，解决委托 - 代理问题的关键是设计一个最优契约。通常来讲，解决委托 - 代理问题会采取监督和激励两种手段，然而，对公司股东而言，监督管理层不仅成本高昂而且效果不佳，不如用激励手段激励管理层成本较低、有效。因此，设计最优契约的核心问题就演变成为如何设计最优薪酬契约。他们提出，应当将管理层的薪酬与公司业绩挂钩，通过设计合理、恰当的激励方式——绩效薪酬契约（performance - based compensation），赋予公司经理人以股权分享企业收益的权利，可将管理层利益与股东利益紧密联系在一起，最大程度减少股东和经理人利益冲突，降低道德风险和逆向选择，降低代理成本。正是在这种理论的影响下，绩效薪酬契约逐渐成为现代公司解决委托 - 代理问题的主要手段。在 19 世纪 70 年代前，美国标准普尔 500 指数中实施绩效薪酬契约的公司占 16%，20 世纪 80 年代该数字增加到 26%，90 年代增加到 47%。21 世纪初，美国超过 90% 的上市公司都对管理层实施了绩效薪酬的激励方式。

然而，绩效薪酬契约并非十全十美，它是一把“双刃剑”。一方面，由于公司经理人的薪酬越来越多地采取股票期权和其他股票报酬等股权激励方式，导致公司经理人和股东之间的利益趋于一致。另一方面，经理人的薪酬与股票挂钩却可能促使经理人采取不正当甚至违法的手段，进行财务欺诈，对外出具存在错报的财务报表，以提高公司的盈利和股价，最终实现自身利益最大化。

（1）传统绩效薪酬契约理论：经理人行为外生

在早期绩效薪酬契约理论中，经理人行为外生，即其行为模式由研究者事先假定。该种研究思路简单、抽象，结论清晰、明确，但是由于缺省了经理人内心的博弈过程，早期理论模型对现实的刻画较为粗糙。

Jensen（1986）意识到了绩效薪酬契约有可能引发欺诈问题，但他相信在市场完全有效条件下，股价能够反映公司价值，只有当公司经理人股份占比过少，薪酬和会计报表又高度相关时，公司经理人才可能会采取一些忽视公司长远利益损害公司价值的行为。他认为，采取如此短视行为的公司经理人，只是那些为数不多的不懂股票市场或者不在乎股票价格的经理人。

Stein（1989）对此提出异议。他认为，由于投资者对公司股票的估值是建立在公司现金流基础上的，因而公司经理人能通过干扰现金流来影响投资者的预期，从而达到影响股价实现自身收益的目的。通常情况下，投资者会对公司经理人跨期安排现金流的行为有所预期，进而反映在股价上。但是在某些情况下，诸如公司面对被收购的威胁或者大股东要求套现股票的时候，公司经理人为了提高股价往往会采取短视行为，操纵公司现金流。而公司经理人的这种行为并不能被所有理性投资者所获悉，因而公司股价的信息含量降低，导致公司股票价格与实际价值背离。同样的，Fisher & Verrecchia（2000）认为，在任何时候，市场对公司经理人的信息了解都是不完全的，例如公司经理人的任期，公司经理人披露不实信息付出的成本以及公司经理人对风险的厌恶程度、对声誉的担心程度，等等。因此，市场无法准确知道公司经理人披露信息的动机，公司股价的信息含量也会降低，即公司经理人通过操纵股价来实现自身收益的空间增大。

（2）现代薪酬契约理论：经理人行为内生

尽管上述研究很早就涉及了绩效薪酬契约对公司经理人行为的影响，但 Goldman & Slezak（2006）、Peng & Röell（2008，2014）等人对绩效薪酬与公司欺诈关系进行的系统化研究，将经理人行为内生化，才真正从理论上明确了绩效薪酬契约对公司欺诈行为的诱导作用，开创了这一领域的先河。

①Goldman & Slezak 模型。Goldman & Slezak（2006）认为，先前研究提出的投资者与公司经理人之间的信息不对称、投资者对公司经理人的理性预期等假设对后续研究具有重要的启发，但最大的缺陷是未能将公司经理人效用函数纳入模型。Goldman & Slezak（2006）首次引入公司经理人效用函数，建立了经理人蓄意披露虚假信息进而操纵股价的博弈模型。

博弈模型分为三期。第一期为初始期，公司的所有者与经理人签订绩效薪酬契约；第二期为中间期，公司的最终价值是不确定的，公司经理人效用函数的决策变量包括选择努力工作和操纵信息影响股价两种行为，这两种行为都会影响公司的短期股价，公司经理人根据股价获得相关收益；第三期公司的长期价值最终显现，并被股价正确反映，公司经理人获得剩余收益。公司股东在期初将公司经理人的最优化行为纳入预期，以最优化企业价值为目标设定一个最优的股价薪酬弹性或敏感度，并据此与管理层签订薪酬契约。这一基本思路将公司欺诈研究视为内生化的常态分析，而不像 Stein（1989）等将欺诈视为外生冲击（收购压力）等偶发情况下的结果，为后续研究提供了标准化的分析范式。模型为公司经理人的操纵行为设定一个针对个人的惩罚成本，成本的高低取决于操纵行为被发现的概率和惩罚的力度。研究结论表明，当惩罚成本足够大时，公司经理人将不会选择操纵行为，但可能由于努力程度不足，导致企业价值并非最优。当惩罚成本不够大时，公司经理人努力程度提高，同时会实施操纵行为，但公司股东对此也有充分的预期。因此，一些力度更强的监管措施试图降低虚假信息的披露密度，可能并不能如愿，但是反而可以提高企业的价值。模型均衡的关键点是股价薪酬敏感系数，以及惩罚系数和公司经理人风险偏好。股价业绩敏感系数的升高同时提升了公司经理人为提升公司价值所做的努力程度和操纵股价的程度，股价操纵的提高程度可以因为惩罚成本的提高和公司经理人风险偏好的降低而部分抵消。这样，均衡的最优解是三者共同决定的结果。当市场存在部分“幼稚”的投资者时，由于其掌握信息程度不完全，对操纵的程度不能进行充分的估计，会导致股价薪酬弹性过高，公司经理人的操纵程度也相应更高。可见，以股权激励为基础的绩效薪酬契约既提高了公司经理人的努力程度，也导致了公司经理人的操纵行为。企业的所有人对此有充分的估计，最终薪酬合同的签订是通过股价薪酬弹性的调整，试图在公司经理人的努力与操纵之间实现均衡，以达到企业价值最优化的结果。

②Peng & Röell 模型。Peng & Röell（2008，2014）延续 Goldman & Slezak（2006）的研究思路，将信号干扰模型的思想应用于以利润操纵为代表的公司欺诈行为，指出公司欺诈的本质是资源的期限错配：公司经理人将原本应当用于公司长期价值增长的资源转移到公司短期股价的维护上，导致欺诈行为深刻影响了公司的长期价值。Peng & Röell（2014）得出一些创新性的结论：

第一，公司经理人操纵与利益实现的传导机制不仅要考虑股价薪酬弹性，还需考虑股价业绩弹性，即投资者对业绩报告的信赖度，参数设定的核心部分是操纵的不确定性（由公司经理人操纵程度的分布决定）。该研究进一步放松投资者完全信息的假定，认为即使是非常理性的投资者也无法对公司经理人的操纵程度进行完全的估计，而只能以一个市场的平均水平对公司经理人的操纵程度进行预估。这样做的结果是：对于不诚实的操纵者，薪酬业绩弹性过高，加剧了操纵程度：而对于“勤恳老实”的公司经理人，由于他们无法说服投资者信任他们发布的报告，因而将他们置于更高的风险中，努力的程度则会降低。Goldman & Slezak（2006）认为如果市场上存在足够多的理性投资者，欺诈行为尽管会出现，但大部分都在投资者的理性预期之内，而 Peng & Röell（2014）则认为欺诈行为超出预期的程度更加严重。另外，对于可能欺诈严重的公司经理人，如果投资者做出正确的反应，即降低股价业绩弹性，但由于激励程度不足，反而可能导致更高的股价薪酬弹性。

第二，股价薪酬弹性也被细分为两部分，一部分是短期股价薪酬弹性，一部分是公司长期股价薪酬弹性（期权激励的弹性），结论发现最优的合约必须包括一部分期权，才可以保证公司价值的最优化，然而期权弹性又不可能过高，因为大量的远期激励使公司经理人承受更高的风险，会降低其努力程度，甚至是直接导致合约无法继续。这一结论表明长期激励和短期股价薪酬弹性存在一种替代关系，适度的期权激励可以成为降低操纵程度的有效方法。最优的组合还依赖于众多因素：如公司规模，对于规模越大的企业，公司经理人用于努力的时间是更加稀缺的资源，每单位时间的产出更高，期权弹性将更高，努力程度更高；公司经理人的风险厌恶程度，该系数更低，公司经理人更青睐于期权激励；股权限售的锁定期和期权行权期，期限的延长可以减少公司经理人的机会主义行为。

第三，操纵的成本。操纵最大的成本是时间成本，对于公司来说，公司经理人将原本应当用于努力的时间用于操纵所造成的损失通过生产函数最终会反映在公司价值上，而对于个人来说，与用于努力的时间一样，用于操纵的时间同样减少了闲暇，造成个人的负效用。因此，以时间成本反映操纵的成本，既简练精巧，又更加符合实际。其他因素不变的情况下，公司经理人的个人成本同样影响最优均衡。比如年轻的公司经理人经济状况更差，时间禀赋更多，用于努力的时间成本更低，因此均衡的股价薪酬将弹性更高，尤其是长期弹性。该研究最后将管理层的欺诈行为归纳为一个跨期选择问题，股价操纵行为实际上是将原本应当投入到能实现长期回报项目的资源转移到了短期股价的维护中，本质上是一种资源的扭曲。操纵行为不仅仅是一个短期的“装饰（windowdressing）”行为，而且会深刻地影响公司未来的投资和项目决策，进而影响公司的发展前景。

上述理论研究表明，与股价相关的绩效薪酬契约一方面促进了上市公司管理层的努力程度，另一方面又不可避免地提高了管理者对业绩报告的操纵程度。公司的所有者在与管理层签订薪酬契约时，需要考虑如何设计包含股价薪酬弹性等重要因素在内的绩效薪酬契约，激励管理层努力工作、降低股价操纵的可能性。

2.1.3 绩效薪酬契约与公司欺诈关系的实证研究

（1）管理层激励与公司欺诈关系

Burns & Kedia（2006）以1995—2002年标普500指数成分股作为样本，将CEO的股权激励类型细分为期权组合、长期激励支出、工资和奖金等部分，实证结果发现CEO股票期权对股价的敏感度与公司欺诈有明显的正相关关系。也就是说，公司经理人更有动机通过财务欺诈影响股价来增加个人财富。Burns & Kedia（2007）以1997—2002年出现财务重述的224家大公司为样本，对经理人执行股票期权的情况进行了实证检验。结果表明财务重述公司经理人行权的比例要远高于控制组公司经理人，而且公司经理人行权的数量和财务重述有正相关关系。

Denis等（2006）以1993—2002年涉嫌欺诈的358家公司为样

本，采用 Logit 回归结果表明，公司欺诈指控的可能性与高管股票期权激励措施之间存在显著正相关关系。同时发现，外部股东持股以及机构投资者持股比例越高，被指控欺诈的可能性与期权强度之间的正相关关系越强。

Efendi 等（2007）在以上研究的基础上对股票价格大幅度高于执行价格的极度实值期权（deep in the money）进行了研究。样本的选择来自美国会计总署发布的报告，该报告指出了 1997—2002 年发布的违反美国公认会计准则需要进行重述的公司，并指出这些公司的报告存在实质性错误和欺诈行为。他们运用了样本配对的方法，发现持有大量深度期权的管理层更倾向于发布虚假报告，实验组比控制组的股价在重述事件发生前 12 个月内股价超额收益率高 20%，期权的内在价值显著更高。在欺诈持续期，管理层仍然持有大量期权，但对于已经执行的期权，实验组获得的收益显著更高。

Harris（2007）选取 1997—2002 年存在报表错报的 434 家公司，868 个样本，运用 logit 模型进行回归，结果表明公司经理人的薪酬激励和糟糕的公司业绩表现导致公司进行财务错报的可能性增大。

Johnson 等（2008）使用 1992—2005 年的数据，以 479 个涉嫌欺诈被股东提起集体诉讼事件的标普成分股公司为样本，并通过对欺诈样本进行配对处理，对管理层激励与公司欺诈的关系分析构建了一个完整的框架：该研究发现欺诈持续期管理层持有的股票或期权价值的变化显著高于对照组，表明欺诈公司具有显著较高的欺诈预期收益；欺诈的预期损失则考虑两个方面：一是欺诈公司在欺诈前三年营业收入增长率显著高于对照组，这类快速增长的公司往往不易被人怀疑存在欺诈行为。二是欺诈公司的内部人占审计委员会的比例显著高于对照组。二者共同作用使欺诈被曝光的概率较低，管理层也据此降低了欺诈行为暴露的预期概率，从而降低了欺诈的预期成本。该研究还发现主要是非限售经理人持股与公司欺诈的概率高度正相关，经理人持有的非限售股票份额越高，公司发生欺诈事件的概率越高，而经理人持有的限售股票及锁定期的期权与欺诈关系不大。

Peng & Röell（2008）以 Execu Comp 数据库中 2507 家公司为样本，涉及 479 个集体诉讼案件。作者将经理人薪酬体系中的基本工资、奖金、股票及股权激励对集体诉讼运用 probit 模型进行回归分析。回归结果表明，在控制相关变量情况下，只有股权激励薪酬与集体诉讼呈显著关系。可执行的股权越多，经理人操纵公司股价的动机越强，越能促使诉讼的发生。

然而，其他一些学者的实证研究，并不支持绩效薪酬对公司欺诈形成诱导作用的观点。例如，Armstrong 等（2010）选取 2001—2005 年 Equilar 数据库中公司层面的 CEO 股权激励数据为样本，并运用倾向得分匹配方法构建控制组样本，采用 probit 模型进行回归分析。回归结果表明 CEO 股权激励薪酬与会计报告重述、股东集体诉讼之间没有正向关系。作者甚至发现相比于 CEO 股权激励薪酬较低的公司，股权薪酬较高的公司发生会计违规的可能性更低。Erickson 等（2006）选取 1996—2003 年被 SEC 起诉的 50 家公司为样本，同时选择两组控制样本：一组与实验组公司特征相一致，另一组是未发生财务欺诈的公司样本。以股票选择权相对于股价的敏感度为解释变量，运用 logistic 模型进行回归。结果表明公司欺诈与高管股权薪酬的敏感度不存在关系。存在欺诈的企业高管行使的股权数量没有显著的高于不存在欺诈的公司。O'Connor 等（2006）在研究 CEO 股权激励与公司财务报表欺诈的关系时，同时考虑 CEO 是否为董事会主席和董事会是否有股权激励两种情形。发现在不同情形下，CEO 的股权激励变动与财务报表欺诈关系不同。当 CEO 是董事会的主席，且董事会拥有股权激励的时候，CEO 股权激励的增加，会降低财务报表欺诈的可能性。当 CEO 是董事会主席，且董事会成员不拥有股权激励时，CEO 的股权激励的增加会增加财务报表欺诈的可能性。

（2）团队激励与公司欺诈的关系

除了管理层激励外，有些研究者还考察团队激励与公司欺诈的关系。团队激励指对较低级别的管理者和对员工的激励。Hass 等（2015）为发现公司基于晋升的激励，就像 CEO 和其他员工之间的薪酬差距，能够加剧欺诈发生的可能性，选择 1994—2004 年美国大公司报告的欺诈案例为样本，以 CEO 的薪酬与其他管理人员薪酬的中位数的差距为指标衡量晋升激励进行实证研究。结果显示，随着该指标的增加，公司实施欺诈的概率显著上升。通过对样本进行配对发现，欺诈公司的平均薪酬差距比非欺诈公司要大得多，说明欺诈公司的晋升激励显著强于未欺诈的公司。作者认为当管理层与 CEO 之间的薪酬差距过大时，一般的管理层为了能够通过晋升获取更高额的报酬倾向于篡改业绩表现；同时期权选择的占比过高则会促使管理者更倾向于从事更加具有风险的项目与活动为自己谋求利益。

与晋升激励不同的是，Choi 等（2014）的研究发现，公司对员工的团队激励会降低公司欺诈的概率。他们综合考虑公司对员工的退休待遇，健康医疗保险，裁员政策，现金分红政策，员工的参与度（是否对大部分员工授予股票、期权激励及员工对公司决策的影响）以及工会的作用等各方面构造一个员工的待遇指数，实证结果表明指数越高的公司，出现欺诈事件的概率越低。通过进一步的具体分析，发现显著影响公司欺诈行为的主要是现金分红政策和员工的参与度，在员工人数普遍较少的高科技行业及员工跳槽几率较低的行业，这种效用更加显著。该研究认为，当公司的大部分员工拥有剩余索取权时，一方面员工会更加努力地工作，公司表现更好，因此不需要进行欺诈，另一方面由于员工拥有内部信息优势，当他们成为公司的所有者时，会及时阻止欺诈行为以维护自己的长期利益。

Call 等（2016）对这一领域的研究做出了新的贡献。与以往关注高管股票薪酬的研究不同，Call 等（2016）关注的是普通员工股票薪酬的使用。他们对 1996—2008 年涉及证券集体诉讼的 514 家公司研究发现，这些公司向普通员工授予了更多的股票期权。他们得出的结论是，存在欺诈行为的公司往往会授予普通员工数量更多或价值更高的股票期权，通过“贿赂”的方式以有效地避免欺诈活动的败露。因此，团队激励并不必然与欺诈行为的发生概率负相关。

可见，尽管以绩效薪酬契约为代表的激励方式为管理层提供了将欺诈行为转化为个人收益的通道，构成了大量上市公司实施欺诈活动的动机。但从理论模型的角度看，模型的建立以绩效薪酬机制为基本框架，但其他参数同样对于欺诈行为具有重要影响，某个单一的参数在现实情境下可能是由众多复杂因素构成的，具体究竟是哪种激励形式的作用最为显著，在实证研究还存在一定的分歧，有待进一步研究。

2.1.4 行为金融学对公司欺诈动机的解释

上市公司欺诈通常是由高管（特别是 CEO）发起的一种常见的组织不端行为。由于财务报告反映了高管的能力并且直接影响了他们的个人财富，所以高管有着强烈的动机去实施欺诈。而在众多高管之中，CEO 通常是公司欺诈行为的策划者。一方面，作为高管团队的领导者，CEO 在公司决策中起着重要的作用，同时往往有着解雇高管的能力。CEO 的认知和行动能够影响公司的整体能力并最终影响公司的业绩表现。因此，当公司的业绩低于预期时，CEO 与其他高管相比更容易受到指责。所以，CEO 将会有更加强烈的动机和机会去进行公司违规欺诈行为。另一方面，因为欺诈是不道德、违法的，自然是知道的人越少风险越低。CEO 不会让太多的人知道欺诈事件的发生。大部分高管并不会知道公司内部欺诈的实施直到欺诈被揭露。如 Beasley（1999）发现，在美国发生的公司欺诈事件中，上市公司的 CEO 卷入了其中 72% 的事件，而公司的其他高管一般未被牵连其中。O'Connor 等（2006）则发现 CEO 与其他高管相比更倾向于通过欺骗性的财务报告来改善自身的财富水平。

行为金融学认为，目前对绩效薪酬契约的研究是建立在公司 CEO 是理性人假设的传统基础上的。然而上述假设与现实并不相符，经理人存在过度自信、自恋和贪婪等非理性心理，尤其是倾向于高估自己能力或者高估自己所拥有知识和信息准确性，这种过度自信心理在做决策时其信念和偏好往往会出现系统性偏差。因此，研究公司高管个人特征与公司欺诈行为的关系是国外学术界是一个新研究领域。

（1）公司经理人的人口学特征

通常认为，关键的个人人口统计特征（如年龄、经验、性别、教育程度）对预测高层管理欺诈行为很重要。Troy 等（2011）证实了这种观点。他们选择美国 312 家实施公司欺诈的样本进行实证研究，结果显示年轻、缺乏职能经验的 CEO 和没有商业学位的 CEO 更有可能进行会计欺诈。作者认为，年龄之所以会直接影响高管对欺诈行为的态度是因为年轻的 CEO 更能容忍风险，更容易受到外部压力的影响。相反，年龄较大的 CEO，由于认知发展水平较高，意识较强，生活经历较多，如果被发现，可能会面临罚款、声誉和监禁的风险，因此同他们相比，年轻的 CEO 们更有可能进行欺诈活动。接受过商业教育的 CEO 可能会获得更多的会计知识和金融技能，因而从事财务报表欺诈的可能性降低。

（2）公司经理人的性格心理特征

Schrand & Zechman（2012）对 49 家涉及财务欺诈的公司进行了详细分析。结果表明，大多数虚假陈述都是以乐观的偏见开始的，而不是明显的故意欺诈。然而，经理人不得不做出越来越乐观的声明，以掩盖最初的偏见。因此，这种最初的过度自信导致了他们操作财务报告欺诈的可能性。同样，Rijsenbilt & Commandeur（2013）利用1992—2008年S&P500公司CEO数据，通过对CEO与其他高管的收入差异、CEO曝光率等15项指标的研究发现，具有自恋人格倾向的CEO实施公司欺诈概率更高，是公司欺诈发生的潜在原因。

（3）公司经理人的个人经历

①军队服役经历。曾在美国军队服役的CEO在美国企业中很普遍。军队非常重视和强调“服从命令”。Koch - Bayram & Wernicke（2018）使用两个不同的数据集研究了CEO的军事背景对金融不当行为的影响。他们的研究结果表明，曾在美国军队服役的CEO不太可能参与虚假财务报告，也不太可能回溯股票期权。Benmelech & Frydman（2015）的研究显示，曾在美国军队服役的CEO通常在企业投资方面保持谨慎，参与公司欺诈活动的可能性较低，在行业低迷时期公司经营业绩表现更好。

②违法犯罪经历。Davidson等（2015）研究了1980—2004年，美国证券交易委员会（SEC）的会计和审计执行发布（AAER）数据库中3148家公司高管（CEO、CFO）先前违法经历和缺乏自控现象，包括工作场所之外是否酒驾、吸毒、家庭暴力、扰乱治安、违反交通规则等对公司财务风险的影响。实证结果表明有违法经历的公司高管更容易从事财务欺诈活动。这些高管如果有个人挥霍无度的奢侈消费习惯的话，未来发生欺诈的概率更高。Biggerstaff等（2015）通过对1996—2009年美国涉及股票期权回溯的公司261位CEO的实证研究发现，如果公司从外部聘用的CEO，在以前任职公司中曾经有从非法期权回溯中获益的经历，那么这家公司更有可能从事其他类型的欺诈活动，包括通过粉饰业绩、夸大企业收益进行财务欺诈。这些公司通常会通过大肆兼并收购私营企业活动来维持其财务欺诈行为，它们的并购公告所带来的市场反应更为消极。

2.2　公司欺诈影响因素理论解释与实证检验

公司欺诈活动的实施和发生还要受到各种条件的制约。经过梳理，这些因素主要包括公司治理结构、公司内部政策和内部环境、外部环境等。

2.2.1　公司治理结构与公司欺诈

(1) 董事会特征与公司欺诈

董事会作为公司治理的核心内容，与公司治理水平密不可分。董事会特征指的是能够代表董事会特点的象征和标志，主要包括董事的背景（如董事会的构成、董事年龄、专业构成、学历情况等）；董事的独立性（如独立董事占董事会成员总数的比例、独立董事人数等）；董事会规模以及领导权结构问题等变量。

①董事会内部构成。Fama & Jensen（1983）指出外部董事是监督公司经理人行为的有效机制，他们更不容易与公司管理层发生共谋行为。Beasley（1999）则实证检验了这一结论，发现董事会成员中外部董事占比更高，则公司欺诈的概率更低。如果外部董事持股越多，任期越久，或者同时兼任其他公司董事的情况更少，则其降低欺诈概率的作用更加显著。Klein（2002）发现当外部股东在审计委员会中任职时，欺诈的概率得到显著降低。Agrawal & Chadha（2005）研究董事会成员的专业背景与欺诈的关系，发现如果董事会中存在拥有财务背景的独立董事或审计委员会成员，则发生欺诈事件的概率较低。

②董事会成员内部权力关系。Hwang & Kim（2012）通过对1996—2005 年美国财富杂志公布的 100 强企业的样本，研究了审计委员会的监管疏漏是否与公司 CEO 和审计委员会成员存在社会

关系。结果表明，当公司 CEO 和审计委员会成员存在明显的社会关系时，这些非正式联系在审计委员会监督中发挥了重要作用。这种关系容易引起公司为完成盈余目标而取消盈余分配的行为，从而达到增加公司应计利润的目的。而当 CEO 出售大量股份，或者新的 CEO 上任时，这种社会关系同样会为公司带来更多的应计利润，但公司并不愿意在收入重申时承认事实。这意味着，公司 CEO 和审计委员会成员的社会关系提高了公司欺诈行为发生的可能性。Kim 等（2015）借助美国 1996—2006 年的数据回归分析发现，通过 CEO 任命决策形成的公司管理层与董事会会提高公司欺诈发生的可能性。作者认为借助人际关系形成的公司高层减少了欺诈发生的预期成本，公司高层倾向于隐瞒甚至与 CEO 共同实施欺诈。这些研究结果表明，加强董事会独立性的因素可以有效地降低公司欺诈的概率。

③董事会成员外部社会网络关系。Bizjak 等（2009）就员工股票期权回溯在多个行业大公司之间蔓延和扩散的现象，研究了董事会成员外部社会网络关系（连锁董事）在这一有争议的做法中的作用。他们的结果表明，当公司董事会成员与之前进行过股票期权回溯的公司存在社会关系时，该公司效仿执行股票期权回溯的可能性将大大提高，说明存在连锁董事社会关系的公司之间可能会导致一些不当行为互相模仿和传染扩散。Chiu 等（2012）通过把美国政府问责办公室（GAO）数据库 1997—2002 年涉及重述收益的 179 家公司作为样本，研究盈余管理是否通过连锁董事的董事会关系从一家公司传播到另一家公司。结果显示，如果一家公司的董事与另一家公司的董事在同一年或过去两年内进行重述收益，那么该公司重述收益的可能性就会更高。同时发现，当连锁董事具有更重要的相关地位时，盈余管理传染更强。董事会主席、审计委员会成员，特别是审计委员会主席同时也是另一家公司的董事，与其他连锁董事的董事会职位相比，其传染性更强。

Chidambaran 等（2010）将 CEO 与董事会成员之间的关系分为两种：一种是专业关系，主要指双方曾经是同事或者因业务往来而建立的关系；另一种是非专业关系，比如双方是同一家俱乐部的会员、共同信托的持有人、校友或相同 NGO 组织的成员等。他们利用 2000—2006 年美国 560 家涉嫌欺诈的公司为样本进行研究，结果表明，不同形式的内部网络对公司欺诈行为的影响具有差异性。CEO 与董事会成员的非专业关系提高了公司发生欺诈事件的概率，专业关系反而降低了公司发生欺诈事件的概率，其原因可能是欺诈的实施者认为专业关系更易被监管者怀疑，欺诈行为更容易被暴露，因而不易实施欺诈活动。

Khanna 等（2015）发现，公司的非 CEO 经理人以及董事，如果至少有一位的任职时间在现任 CEO 的任期内，即当现任 CEO 和其他经理人及董事存在当期雇佣的关系，将会对公司欺诈产生显著的影响，存在这种特征的公司实施欺诈的概率更高。如果将经理人与董事分开考虑，经理人与 CEO 的当期雇佣关系的影响系数更大，这表明欺诈实施的核心是信息的沟通，因为经理人比董事对于公司的日常运作更加熟悉，欺诈活动对经理人行动配合的依赖性更强。该研究发现这类公司从实施欺诈到被揭露的持续期更长，而在欺诈事件发生后 CEO 离职的概率更低，但是一旦欺诈事件被揭露，这类公司被起诉的经理人及董事总人数更多，更多人的参与到欺诈事件中意味着欺诈过程中协调和沟通的成本更低。这些特征都表明当期雇佣关系使公司的管理层认为欺诈活动更不易被发现，欺诈的预期成本更低。该研究进一步证明，一些常见的其他内部网络比如校友关系或曾经的同事关系对公司欺诈并没有显著的影响，这与 Chidambaran 等（2010）存在一定的分歧。

（2）股权结构与公司欺诈

通常来讲，公司股权结构对公司欺诈活动的发生产生直接影响。例如，Alexander & Cohen（1999）发现，当管理者持有大量股份时，公司实施违规欺诈的可能性较低。Cornett 等（2008）发现机构所有权和机构投资者在董事会中的代表减少了公司欺诈行为的可能性。然而，Denis 等（2006）得出了相反结论，通过对美国1993—2002 年涉及证券欺诈辩解的 358 家公司作为样本进行实证分析后发现，公司发生欺诈辩解的可能性与公司高管股票期权、公司股价的敏感度正相关。而且，当公司中存在机构投资者和控股大股东时，上述正相关的强度会增加，表明机构投资者和外部大股东持股有可能加剧了公司高管采取违规欺诈行为的激励。与所有权结构相关的最引人注目的是 Anderson 等（2015）成果，他们认为在由创始人家族成员控制的公司中，财务欺诈的可能性要大得多。他们选择 1978—2013 年美国证券交易委员会（SEC）和美国司法部（DOJ）的 1166 起联邦执法行动作为样本，发现超过 70% 的由美国联邦执法行动实施强制措施的公司，都是因为创始人公司的财务造假引起的。Klein（2002）提出，如果 CEO 持股较多，利润被操纵的概率更高。Agrawal & Chadha（2005）也发现，CEO 属于创始家族的公司更有可能参与欺诈活动。Krishnan & Peytcheva（2017）通过调查外部审计师是否评估家族企业欺诈风险较高，来研究家族企业与欺诈行为的关系。他们发现，审计师对家族企业欺诈风险的评估高于非家族企业，这表明家族企业比非家族企业存在更严重的代理冲突。家族成员可能会投机取巧地收取租金，并可能以牺牲少数股东的利益为代价，侵占公司的资源，从事违规欺诈活动。

2.2.2 公司内部环境因素与公司欺诈

一方面，研究者们发现公司的并购战略、融资政策及分红政策等公司的经营政策影响公司的欺诈活动；另一方面研究者从公司文化的角度探讨公司欺诈。

（1）公司政策与公司欺诈关系

①收购政策。Erikson 等（2011）发现欺诈的公司比不欺诈的

公司更倾向进行并购活动，并且更多地收购国外企业、子公司及不同行业的公司。由于担心并购失败，欺诈公司更倾向于签订并购终止费用合同，并且更加迅速地完成并购交易。同样是欺诈的公司，在欺诈事件暴露后，实施并购的公司股价的反应更慢，总之，欺诈的公司会将兼并收购当作一种掩饰欺诈的策略。

②股利分配政策。Judson & Hanlon（2013）发现公司的分红政策与欺诈之间有显著的负相关关系，高分红政策的公司欺诈的概率更低，实施欺诈的公司由于没有足够的现金流，其分红比例比其他公司平均低17%，此外该研究发现当公司在实施欺诈后，往往会改变分红政策，降低分红比例。

③融资政策。Kumar & Langberg（2009）的模型发现，外部融资能力较强的公司更易发生欺诈活动。在完全资本市场和理性预期假设下，资本成本较低的公司为了吸引投资更易实施欺诈活动，最终的均衡结果是，低回报的欺诈公司存在过度投资的状况，而高回报未实施欺诈的公司投资不足。公司内部人对外部人信息欺诈的结果是投资资源的扭曲。此外该研究还提出，欺诈倾向的强弱与生产活动的类型有关，重资本类型的公司比轻资本类型的公司更容易发生欺诈事件，因此，由于科技创新带来生产活动所需资本的上升更易导致欺诈活动。

（2）公司文化与公司欺诈关系

Murphy等（2009）等采用问卷调查的形式研究了文化对于上市公司的影响，强调了道德氛围在上市公司欺诈中发挥的重要作用。提出在强调利己主义和公司利益至上的公司氛围中，犯罪者甚至没有充分意识到自己进行了欺诈。雇员被期望做任何有利于增加公司利益的事，他们学习各种有利于公司利益的政策和程序，只因为扩大了公司的利益而受到嘉奖，却不计其他的后果，最终导致了欺诈的发生。Liu（2016）首次采用流行病学方法（epidemiological approach），将美国公司职员和董事使用他们的文化背景信息的平均腐败态度来衡量公司的腐败文化，然后利用美国 1988—2006 年 Compustat 数据库的全部样本数据进行实证研究，结果显示具有高度腐败文化的公司更有可能从事盈余管理、会计欺诈、期权回溯和机会主义内幕交易等企业不当行为。当公司腐败文化每增加一个标准差，公司欺诈行为的可能性就会增加 2%—7%。Bereskin 等（2014）认为，企业道德文化可以通过公司社会责任来反映，可以用企业社会责任这一指标预测公司欺诈发生的可能性和严重程度。他以公司近期是否参与过慈善活动作为衡量公司文化的指标，发现过去 5 年曾经参与慈善活动的公司发生欺诈事件的概率更低。而这类公司一旦发生欺诈事件，CEO 被解聘的条件概率更高。这些研究为更好地理解企业文化对企业行为的影响机制提供了新的视角。

2.2.3 公司外部环境因素与公司欺诈

除了公司内部治理因素外，公司所处外部环境同样影响公司欺诈的实施。在这些因素中，投资者认知偏差是管理层实施欺诈前需要考虑的最重要的因素。Hertzberg（2005，2017）通过建立理论模型，提出是否实施欺诈的最优决策依赖于投资者对公司状况的认知程度。而投资者的认知往往又依赖于公司所处的经济周期或行业周期。

（1）经济周期

繁荣与萧条是商业周期中的两个阶段。人们通常认为繁荣的经济环境鼓励和隐藏公司的欺诈，当经济状态回落时，公司欺诈现象将显露出来。Davidson 等（2015）的研究发现，财务报告欺诈行为的发生率随着 GDP 的增长而增加，在达到经济峰值的时期达到最高点，并且发现财务报告欺诈行为的发生率随着公司与市场回报的平均相关性而降低。他们认为，繁荣时期发生的欺诈是由于不健全的法律规定造成的，这一观点也促成了美国一系列法律的出台，如 2002 年出台的《萨班斯法案》等。还有一部分学者认为是投资者过于乐观的原因，使存在错报的积极财务报告更加可信，促使了公司欺诈的爆发。

但也一些学者发现，当经济过度繁荣时，公司欺诈反而会降低。也就是说，公司欺诈与经济状态之间并不存在完全的线性关系。Povel 等（2007）运用理论模型，通过比较投资者认知在商业周期循环中的变化，研究其对公司欺诈动机的影响。证明欺诈只会在经济状态不是太好也不是太糟糕的情况存在。在他们的模型中，欺诈的激励来自公司外部融资的诉求，模型的关键点是投资者对于公司的监督密度由于监督成本的变化而变化。当投资者认为公司所属行业的景气程度较差时，他们会仔细审查公司披露的信息报告，一个经过修饰的“较好看的”报告并没有吸引到更多的投资，欺诈无效；当投资者认为公司所处的行业处于顺周期时，会放松监督，此时公司就有比较强烈的欺诈动机；如果公司所在的行业处于极度繁荣期，此时即使披露出的信息显示公司质量较差，投资者也会认为只是暂时现象，并不代表一个悲观的前景，这样较差的报告同样可以吸引到投资，而公司也就没有必要再实施欺诈活动。公司实施欺诈的动机与行业周期构成一种倒“U”形关系。该研究进一步提出，在 2002 年以后，以《塞班斯法案》为代表，美国出台了众多监管措施，旨在对公司信息披露提出更加严格的要求，这些措施一方面提高了公司信息披露强度，另一方面由于降低了投资者的认知成本，从而降低了投资者的监管密度，这反过来可能更易导致公司进行欺诈活动。类似的，Wang 等（2010）以 IPO 公司为样本，探讨行业的景气程度如何影响公司的欺诈倾向。该研究认为，第一，投资者认为行业比较景气时，公司的欺诈倾向上升，但如果景气程度特别高，反而降低了公司欺诈的动机，这与 Povel 等（2007）的结论一致；第二，风险投资者的监管强度和承销商的监管强度又随着投资者信念变化而变化，进而影响公司欺诈。

(2) 行业竞争

Wang & Winton (2012) 选取 1996—2008 年 AAERs 和证券集体诉讼数据库中的 987 个诉讼案件为样本，其中 260 个 SEC 诉讼案件，727 个是集体诉讼，运用双变量 probit 模型，从 3 个渠道对竞争行业与公司欺诈的关系进行回归分析：产品市场对单个公司信息的敏感度较低，相对业绩评价体系（对公司经理人表现的评估依赖于竞争对手的表现）的应用，单个公司层面产品信息的匮乏。结果显示缺少战略性关注的竞争性市场，会促使企业进行欺诈，如果采取与行业平均表现相对比的方式对管理者能力进行评估，将导致公司欺诈的发生。这些特征在竞争激烈的行业中更加普遍，公司欺诈也就更加横行。

(3) 监管环境

Kedia & Rajgopal (2011) 发现更本土化的监管可以减少欺诈活动，如果公司的地理位置更靠近美国证券委员会（SEC）或过去 SEC 对该地区的监管措施更加严厉，则公司实施欺诈活动的概率较低。类似的，Paul 等（2015）发现公司总部的搬迁现象和欺诈具有相关关系，那些将总部迁移到监管强度（与之前相比）较低地区的公司欺诈倾向显著升高，而且大部分公司对于他们的迁移不能给出详尽而确切的理由。那些有过欺诈记录的公司在搬迁之后仍然可能会持续欺诈，而欺诈活动被监管者或投资者发现的概率却并未因其过往的记录而提升。上述研究表明高强度的监管对欺诈活动具有抑制作用，但地理位置的因素可以显著影响监管成本从而影响欺诈活动，高成本的监管环境为公司的欺诈活动提供了便利。

Cumming & Johan (2013) 发现，美国、英国和加拿大的交易规则和监管方式大体相同，但 IPO 的上市标准却差异较大，这一差异显著影响了上市公司的欺诈行为。他们实证检验了公司上市最低资本要求与欺诈之间的关系，发现该指标每提高 1800 万美元，欺诈事件发生的概率降低 27.4%，上市标准越高的市场，欺诈活动发生的概率越低。

(4) 外部中介监督

Agrawal & Cooper (2010) 考察金融中介机构的监督作用：IPO 公司的欺诈倾向与承销商声誉正相关，优质的承销商反而提高了欺诈发生的概率，承销商对私人激励的评价超过了他们对声誉的担忧；与风险投资者的质量负相关，优质的风险投资者降低了欺诈发生的概率。

Yu (2008) 考察了信息中介——证券分析师对经理人盈余管理决策的影响。通过对盈余管理的多重衡量，以美国 1988—2002 年证券分析师的数据为样本进行实证分析，结果显示证券分析师关注得越多，企业的盈余管理越少，并且来自顶级券商的分析师和经验更丰富的分析师对盈余管理的影响更大。

Shi 等 (2017) 运用认知评价理论，通过选择美国 1999—2012 年标普 S&P 1500 家公司为研究样本，对外部治理机制（如维权股东、公司控制权市场、证券分析师）与公司欺诈的关系进行了实证分析。结果显示，外部治理施加的强烈期望会冲击高层管理者的自主性感受，排挤其内在动机，从而可能导致财务造假。我们许多人都熟知公司高管以这样或那样的方式“做假账”的故事。因此，公司和监管机构往往实施严格的控制，以防止财务欺诈。然而，认知评价理论描述了这些外部控制机制实际上可能事与愿违，产生与预期相反的效果，因为其剥夺了管理人员做出适当行为的内在动机。当高层管理人员面对更为严格的外部控制机制时，他们实际上更有可能从事欺诈活动。

(5) 地域文化

Dyreng 等 (2012) 认为拥有宗教信仰的人的诚信与风险厌恶水平要高于没有宗教信仰的人，他们通过实证检验发现如果一个地区有宗教信仰（天主教和新教）的人口比例越高，该地区企业的公司经理人进行虚假报告陈述的概率更低，且较少地采取避税手段。在自愿性披露的信息中，这些企业会更多地提及对公司不利的信息，表现得更加诚实。McGuire 等（2012）发现，总部位于宗教信仰浓厚地区的公司，其财务报告违规行为往往较少。

2.3 公司欺诈的识别和揭露

能否及时地发现并揭露公司欺诈行为，是衡量一个金融系统监管效率的重要标准。目前的研究主要从两方面展开：一是通过与企业经营活动相关的各种财务指标来寻找能够显示欺诈行为的信号，构建预警指标系统，以此来识别欺诈行为；二是从市场参与者在欺诈揭露中扮演的角色出发，探讨各类市场主体对揭露欺诈的效果及作用机制，以此为基础构建更加有效的欺诈监管机制。

2.3.1 公司欺诈识别方法

（1）传统指标法

①财务指标。研究人员一直试图找出一组财务欺诈的预测指标。Beneish（1999）和 Dechow 等（2011）是这一类研究中最有影响力的代表。他们认为衡量极端或异常的财务业绩是会计错报的有用预测指标，虚假报告的公司表现出较高的异常应计利润，应收账款和库存不成比例的增加，以及较差的异常市场表现。他们建立的财务预警模型目前被学术界广泛的使用。Beneish（1999）以应收账款指数、毛利率指数、资产质量指数、营业收入指数、折旧率指数、销售管理费用指数、财务杠杆指数、总应计项等 8 个指标建立模型来预测公司财务造假的可能性。Dechow 等（2011）在此基础上予以改进，预测模型中包括的变量为应计项、应收账款变动率、存货变动率、软资产比例、现金销售率、资产收益率增长率、是否再融资 7 项指标，尽管变量减少，但实际上每个变量的计算方式比

Beneish（1999）更加复杂，可以更加全面地考察公司财务状况。他们发现，权责发生制质量差、权责发生制成分增加、资产回报率下降、股票回报率高以及员工数量异常减少，都是会计错报的有力预测因素。他们还发现，错误报告的公司在错误报告期间会进行激进的表外和外部融资交易。

②非财务指标。Wang（2011）认为投资活动指标，如R&D费用和并购交易等活动支出较高的公司更应引起警惕，该类公司欺诈活动被发现的预期概率较低，反而提高了实施欺诈活动的概率。

③法律诉讼指标。Jones & Weingram（1996）提出，公司所处行业的诉讼密度，公司个体的诉讼密度可以反映公司的不当行为，即有过“前科”的行业和公司更容易实施欺诈行为。

（2）文本分析法

文本分析（Textual Analysis）是指通过对文本内容进行挖掘和数据分析，获得文本提供者的特定立场、观点、价值和利益，并由此推断其意图和目的。目前利用文本分析方法提取有效的信息，识别公司欺诈行为已成为金融学的研究热点，主要有两种方法。一种方法是通过预先定义的单词分类（或词典）来调查会计欺诈与语言语调以及欺诈线索之间的联系。Hoberg & Lewis（2017）利用美国上市公司基于10-K文本的MD&A信息披露数据分析，考察了欺诈行为是否会普遍存在异常的信息披露。他们将异常的信息披露定义为无法由规模和年龄相仿的同行解释的披露。结果显示，欺诈公司通常存在异常的信息披露现象，信息披露文本词汇相似度最低的公司有0.4%的欺诈率，而词汇相似度最高的公司有2.4%的欺诈率。Brown等（2018）认为，企业因财务报告错误而被起诉，往往会在财报中使用更为乐观的措辞。Larcker & Zakolyukina（2012）对电话会议记录进行了分析，发现情绪词、焦虑词等欺骗性语言要比其他方法更能预测财务造假。另一种方法是利用机器学习算法来区分“词包”或文本样式标记，这些标记可以预测故意误报。这些风格标记包括文本特征，如语言复杂性、可读性、文档长度和音调，以及语法和单词选择。大多数研究都使用了一种称为支持向量机（SVM）的机器学习算法来识别或分类会计差错。Cecchini 等（2010）利用支持向量机生成了经常出现在错误陈述的年度报告中的歧视性词语和短语词典。结果表明，相对于财务报表比率，该机器学习词典更能预测财务错报。文本分析方法对提高发现公司欺诈行为的能力和进一步了解其潜在机制具有启示意义。

2.3.2 公司欺诈的揭露机制

（1）从监管功能看公司欺诈的揭露

长期以来，国外学术界都是从市场主体的监管功能出发，来研究各类行政监管主体及市场角色对欺诈事件的发现或揭露功能。主流的观点认为，扮演起公司欺诈事件揭发者角色的主要有三类：一是证券监管部门和审计师。他们是由法理上被赋予揭发义务的主体。二是律师或律师事务所。证券诉讼案件中可能发生的高额诉讼费用使律师或律师事务所有强烈的动机揭露公司欺诈行径（Coffee，1986），私人诉讼途径是比公共监管更加行之有效的监管措施（La Porta 等，2006）。三是风险承担者。公司欺诈应当由与欺诈活动相关的风险承担者来揭露，最典型的是投资者及其代表人（Fama，1990）。

（2）从三类激励角度看公司欺诈的揭露

由于美国证券委员会（SEC）发现的欺诈事件仅占全部欺诈事件的7%，而其他传统类的监管主体审计师、律师，其占比分别是11.3%、3%，而投资银行、商业银行和证券交易所占比几乎为0，这表明市场监管主体并没有在揭露公司欺诈活动中充当主要角色。Dyck 等（2010）认为，对欺诈的揭露可以视为一个代理人的激励问题，主要包括货币激励、职业和声誉激励、信息成本激励。

Dyck 等（2010）利用斯坦福集体诉讼数据中心记录的 1996—2004 的样本，对三类激励进行了实证分析。

①货币激励。Dyck 等（2010）认为，对于大部分市场主体而言，现金激励是一种行之有效的揭露欺诈的手段。欺诈的利益相关者除了拥有股权的投资者之外，还包括公司员工、股票卖空者等。Dyck 等（2010）发现，上市公司曝光的欺诈事件中有 17% 是由内部员工举报的。尽管员工举报公司的欺诈行径会面临失业等一系列高昂的代价，但员工还如此积极，主要是检举揭发公司欺诈丑闻会得到政府高额的奖励。最典型的是政府会对一些公司欺诈的内部举报人通过罚金共享的方式给予现金激励。美国医疗保健行业是罚金共享机制最典型的代表行业，该行业曝光的欺诈事件有 41% 是内部举报人揭露的，而非医疗行业仅占 14%。

Dyck 等（2010）发现，上市公司曝光的欺诈事件中有 14.5% 是股票的卖空者发现的，他们从公司欺诈事件中可以获得巨额的利益。Karpoff & Lou（2010）发现，涉嫌虚假陈述的公司在被曝光之前空头头寸显著增加，而头寸增加的程度和虚假陈述的严重程度显著正相关。卖空者不仅可以理性地估计到公司欺诈的曝光及其严重程度，而且当虚假报告的事实被曝光之后，做空者并未起到恶化股价进一步下跌的作用。可见，卖空是一个更具时效性的欺诈活动发现机制，卖空者不仅可以从中获得显著的超额收益，并且可以抑制股价的泡沫。

②职业和声誉激励。Dyck 等（2010）认为，记者、分析师、审计师、监管者和律师是公司欺诈事件的潜在的检举揭发者，可以通过揭发欺诈事件获得职业提升。职业和声誉激励是这类人群揭发欺诈活动的主要动力。他们发现，记者对声誉和职业生涯的担忧高于现金激励外，他们更青睐于揭发规模较大公司的欺诈活动，且 75% 的欺诈事件都是通过记者实名发布相关报道曝光的。Miller（2006）发现，媒体记者经常通过亲身调查和独立分析揭露上市公

司的会计欺诈，在信息传播上保持了很高的独立性，同时媒体更偏好关注度较高且识别成本较低的公司。也就是说，对于揭露大型公司的欺诈活动，传媒可以发挥重要的作用。

Francis（2004）发现审计师经常扮演掩盖欺诈或者推迟揭露欺诈的角色。世纪之交，美国爆发的财务丑闻促使美国国会颁布一系列的法律法规，最著名的就是《萨班斯—奥克斯利法案》。《萨班斯法案》加强了企业财务报表披露的标准，其中最严格的 404 条款要求管理层在财务年度期末对企业内部控制的有效性进行评估。Dyck 等（2010）从公司欺诈揭露主体的角度，对《萨班斯法案》的有效性进行评估。作者依据《萨班斯法案》通过的时间 2002 年 7 月为节点，将样本划分为两段时期进行分析。结果显示，《萨班斯法案》发布之后，法定机构的欺诈揭露效率有所提升，在欺诈揭露样本中所占比重从之前的 27.1% 增长为 55.6%。其中审计师所占比重从之前的从 4.8% 显著上升到 18.1%。但是《萨班斯法案》对员工的欺诈揭露的保护政策没有发挥效用，员工内部举报欺诈的比例从 21% 降低至 16%。审计师在传统类市场主体中占比最高的。Dyck 等（2010）对此的解释是《萨班斯法案》规定公司审计师的聘任与解聘必须由以独立董事构成的审计委员会决定，这大大降低了审计师由于揭露公司丑闻而被解雇的风险。可见，职业和声誉激励是审计师揭发欺诈活动的主要动力。

③信息成本激励。揭露欺诈活动需要获得大量的公司内部信息。不同的市场主体获得这种信息的成本是不同的，只有获取信息的成本低于收益才会促使他们揭发欺诈活动。大部分的外部监管者和投资者获得公司内部信息的成本高昂，而对于公司员工，行业监管者（与证券业监管者区别开来）及分析师等，对公司欺诈信息的获取可能只是他们常规工作中的副产品，尤其是公司员工作为内部人更方便，因为公司大部分的欺诈活动都离不开内部员工的支持和配合。

(3) 从政治关联角度看公司欺诈的揭露

Correia (2010) 发现存在虚假陈述的公司在报告持续期增加与国会联系的政治投入，于是政治投入更高的公司被 SEC 列入司法调查的概率更低，得到的处罚更少。Yu & Yu (2011) 发现美国上市公司的游说活动影响欺诈被发现的概率，实施欺诈的公司比不欺诈的公司用于游说活动的支出高 77%，公司自身用于游说活动的支出在欺诈期间比不欺诈期间高出 29%，而同样是欺诈类的公司，高游说支出投入的公司比低投入的公司被发现的概率低 38%，游说活动逆向影响了监管者的监管。

由此可见，欺诈的发现和揭露不仅是一个监管体系的功能性问题，也可以视为一个代理人的激励问题，激励理论更适合解释欺诈活动的揭露和发现。对于整个社会而言，尽早及时发现公司欺诈问题就能降低社会影响和危害，避免更多的损失，因此通过设计合理的激励制度，给予市场主体足够的激励来举报揭露上市公司各种欺诈行为，可能是比行政监管更加行之有效的手段。

2.4　公司欺诈的影响和后果

上市公司的欺诈行为不仅损害了自身的声誉，制约了公司的发展，而且扰乱了资本市场秩序，同时还对社会造成严重的冲击，导致失业和投资低迷。国外学术界，对公司欺诈的影响和后果的研究主要从微观视角的和宏观视角两个方面展开。

2.4.1　从微观视角分析公司欺诈的影响和后果

(1) 公司欺诈对公司和股东的影响和后果

①对公司股价的影响。该类研究集中于欺诈事件曝光期公司股东财富的变化。大部分研究认同当欺诈活动被曝光时，股东财富显

著缩水。Karpoff 等（1999）以公司被宣布进入司法调查后的 2 天为窗口期，发现公司股票的超额收益为 -1.4%。Murphy 等（2009）发现，当公司被内部人指控涉嫌欺诈时，股价显著下跌。Palmrose 等（2004）发现，财务重述的公司在重述报告发布 2 天内股价的超额收益率为 -9%，如果涉及管理欺诈，则股价下跌更多。然而，Gande & Lewis（2009）提出，这种研究方法很可能低估了欺诈造成的损失，因为信息可能提前被内部人获取，他们会提前卖出股票，或者由于卖空者的存在，以股价反应的股东财富在事件曝光前就已经受到了损失。Burns & Kedia（2008）关注欺诈事件曝光前的内部人交易，存在财务重述现象公司的前五位经理人在重述期间比平时更多地行使股票期权。Agrawal & Cooper（2015）发现，有相当大的一部分公司内部人在财务重述暴露前肆无忌惮地售出股票，尤其是当重述状况很严重时，股价在暴露前的下跌更加明显。Yu & Yu（2011）也发现延伸欺诈事件曝光前的时间段，管理层大肆出售股票。因此，如果仅以欺诈事件的曝光期为时间窗口，通过股价的超额收益去估计股东财富的损失，并不能完整地评价欺诈活动对公司价值的影响。

②公司价值的影响。该类研究不再局限于欺诈事件曝光后短期内的市场反应，而是从基本面出发，研究欺诈对公司价值的长期影响。Karpoff 等（2008a）选取 1978—2002 年 585 家因财务错报的上市公司为样本，将欺诈活动被曝光后公司受到的法律惩罚和市场惩罚进行比较。结果显示，公司的声誉会因为做假账造成严重损失，这种损失最终通过来自市场的惩罚得到体现。他们以收入降低、合同条款强化、融资成本提高为条件衡量未来现金流的预期损失，结果显示这一损失平均是法律惩罚的 7.5 倍。在公司财务造假被发现后，公司会损失 38% 总市值。这其中 24.5% 的损失是市场调整到正常状态造成的，另外的 8.8% 是法律罚款，而剩下的 66.6% 是声誉损失，比如供货商会将公司的商业信用调低、减少应

付账款的天数等。长期来看对公司基本面的损失大约是股权价值的29%。Graham 等（2008）研究财务重述事件对财务成本的影响，公司财务重述后相比重述前负债显著增加，贷款的期限缩短，合约的限制条款增加，财务重述导致了更高的财务成本。Chen 等（2012）从现金持的角度研究欺诈的后果，公司在实施欺诈后会囤积更多现金以对冲外部融资成本，现金流敏感度相应增加。Kedia & Philippon（2009）考察欺诈活动从实施到被曝光之前公司的状况。他们发现欺诈公司在上述时间段内为了维持与其他高生产率的公司保持同步的假象，采取了过度投资和过度雇佣的策略，这种过度扩张导致经济资源的错配。Yu & Yu（2011）扩展了上述研究，他们发现公司采取的拖延欺诈曝光的行为导致更大的资源错配，尤其存在于投资和就业方面。在公司欺诈被发现后，公司的投资规模和员工数量大幅缩减，没有欺诈的公司的投资和就业情况没有扩大。所以从整个社会层面来看，公司欺诈导致了失业和投资低迷。此外，进行欺诈的公司在欺诈期间较一般公司增长迅速，导致商业周期被延长。Wang（2006）的研究表明在公司欺诈期间，公司会倾向于过度投资，来掩盖公司的真实状态，从而延长欺诈存在时间。存在欺诈的公司的投资项目与企业日常的现金流关系不大，甚至 NPV 为负，这会降低公司的营利能力。此外，过度投资现象会扰乱资本市场的正常运行，造成社会资源的错配，对经济发展产生负面影响。Hoberg & Lewis（2017）发现竞争行业中的公司在繁荣过去之后比行业集中度高的公司的表现更为糟糕。Wang 等（2012）深入研究竞争行业中欺诈的动态变化证实了这一点，发现在竞争性行业中，欺诈造成的后果在繁荣过后更为严重。

（2）公司欺诈对公司 CEO 的影响和后果

Karpoff 等（2008b）关注那些被监管者认为经过深思熟虑而实施财务重述的公司高管，一旦这类高管涉嫌欺诈将面临严厉的惩罚，如失业、市场禁入、禁止持股、SEC 的罚款，甚至有期徒刑。

研究结果显示，被认定为欺诈负主要责任的员工被解雇的概率达93.6%。如果责任人是管理者，被解雇的概率要显著高于正常的管理者。此外，负责的管理者还会受到SEC的罚金，所拥有的公司的股票价值将会缩水。责任人面临的不仅仅是罚金和一些价值损失，还有无形的声誉损失。Agrawal & Cooper（2017）发现实施欺诈的公司的CEO和CFO的离职率比其他公司高14%和10%，因为更换这些经理人有助于重建公司的声誉，并减轻公司的责任。Desai等（2011）就对存在欺诈的公司进行报表重述后，管理者的离职率和之后的再就业情况进行了研究。结果发现，60%的宣布报表重述的公司，在宣布后24个月内，董事会主席、CEO和公司总裁至少有一位会离职。而没有报表重述的公司，这一比率为35%。此外，因进行欺诈行为而离职的管理者再就业率显著地低于正常离职的管理者，且再就任的职位要比之前的差。

Srinivasan（2005），Fich & Shivdasani（2007）发现陷入欺诈丑闻的公司的外部股东常常会失去董事会席位，随着欺诈严重程度的加剧以及外部股东承担更多监管责任，个人声誉的损失会更大。然而Fulmer & Knill（2012）发现公司经理人可以通过政治献金降低惩罚的严重程度。有政治献金投入的公司的经理人被指控欺诈时，与其他公司相比，承受严厉的犯罪指控和惩罚的概率低75%，平均受到市场禁入的惩罚少3年，缓刑少5年，有期徒刑少6年。

2.4.2 从宏观视角分析公司欺诈的影响和后果

从整个金融系统的视角出发，分析欺诈活动造成的影响和后果，参与欺诈活动的公司规模究竟有多大，所有公司欺诈活动对社会造成的后果究竟有多么严重，是该类研究主要关注的问题。我们称之为公司欺诈的社会成本估算或福利分析。目前这方面成果相对匮乏，只有以Dyck等（2013）为代表的少数研究。Dyck等（2013）利用了安达信的破产迫使企业更换审计师，并加大了揭露先前存在的欺诈行为的可能性，使用反事实估计法来估算美国大公司欺诈活动造成的社会成本。反事实估计法是指，假设这些公司没有欺诈活动，理应实现的公司价值，并将其与实际的公司价值比较，把所有差额加总从而得出欺诈的社会成本。需指出的是，公司因为欺诈而接受的罚款或其他各种类型的惩罚措施并不属于社会成本，需要排除在外。因为这些财产在整个宏观框架内只是发生了转移并非消失，比如罚金的接收方是政府机构，公司面临诉讼需要支付律师费，等等。结果显示，1996—2004 年，美国所有的上市公司中有 14.5% 涉嫌欺诈，也就是说美国每 8 家大型上市公司中就有一家从事欺诈活动，而这些欺诈活动中仅有 20.4% 得到曝光，未被揭露的欺诈活动至少是被揭露的欺诈活动的 3 倍以上。大公司的欺诈行为每年造成 1800 亿—3600 亿美元的损失，占美国所有上市企业总市值的 3.1%。

由于 Dyck 等（2013）的估算过程中涉及大量的假设条件，并且无法充分地考虑公司之间的异质性差异，因此学术界对其估计结果的有效性也尚存疑议。可见，如何验证估算结果的合理性，以及使用更多的方法估算欺诈造成的社会成本需要更进一步的讨论，如果不同方法的估算结果能够相互印证或是偏差不大，可能才是一个令人信服的结果。

2.5　公司欺诈实证研究面临的难题与进展

近年来，尽管国外学术界对公司欺诈进行了大量研究，但存在着研究结论相差迥异甚至相互对立、相互矛盾的现象，学者们对一些问题的争论不断。之所以如此，一个很重要的原因是公司欺诈研究主要面临部分可观测性问题的难题（Karpoff 等，2017；Yu，2013）。当前美国对公司欺诈实证研究主要数据来源 4 个常用的数据库：美国政府问责办公室（GAO）重述公告的数据库、审计分析（AA）重述公告的数据库、斯坦福大学集体诉讼证券结算所的证券集体诉讼数据库（SCAC）、加州大学伯克利分校的财务报告和管理中心（CFRM）的证券交易委员会（SEC）的会计和审计执行版本。除了数据库中样本事件、分类造成的不统一之外，实证研究中最需要处理的难题就是样本的部分可观测（Partial observability）问题。

部分可观测问题是指研究中所使用的样本并不是所有的欺诈行为的样本，而是实施了并且被发现的欺诈活动的样本。事实上，有些公司欺诈活动实际上并未被观测到，人们并不清楚有多少公司从事欺诈活动而没有被发现，也不清楚这些公司的特点。早期的研究一般是用单一的 probit 或 logit 方程估计，把两者混同，假定可观测的欺诈活动和所有实施的欺诈活动对等，导致欺诈造成的实际后果被低估，研究结果存在偏差，造成结论的不可靠。

忽视部分可观测问题带来的另外一个问题是无法具体探讨公司治理因素对公司欺诈的影响机制，并造成对公司治理因素评判取向的错误。如果某种公司治理因素可以包庇公司内部的欺诈活动，显著降低公司欺诈被发现的可能，那么这显然是一种消极的影响。然而，传统的研究因为只考虑了欺诈的发生过程，通过单一变量的回归会得出与公司欺诈负相关的结论，自然认为这种因素可以有效降低公司欺诈发生的可能性，会错误地把它视为一种积极的公司治理因素，造成与实际情况完全相反的研究结论。只有有效地减少这种状况的发生，同时考察公司欺诈的发生与发现两个过程，使研究同时覆盖了公司欺诈的原因与识别两大问题，得到的研究结论对监管层才具有实际的借鉴意义。

目前国外学术界主要采用样本筛除法、Bivariate - Probit 法、概率替代法等 3 种方法，试图消除或降低部分可观测问题给实际研究带来的困扰与偏差。

1. 样本筛除法

这种方法是目前采用较多的方法。该方法的研究样本主要针对规模较大的上市公司。样本筛除法不仅有助于剔除无理诉讼的样本，有效避免将没有达到违规欺诈程度的样本纳入观测范围的问题，还可以降低样本的部分可观测性。因为规模较大的公司往往受到更高的市场关注度和监管强度，媒体、分析师、律师等市场外部监管主体有更强烈的动机去揭露这些公司的欺诈活动，所以公司实际实施的欺诈和违规欺诈最终被发现的相关系数可以视作接近于1。Dyck（2010）在研究上市公司欺诈的监管问题时，认为大公司的部分可观测问题影响程度非常低，并最终将欺诈样本限定在资产规模超过7.5亿美元以上的公司，后续大量实证研究在选取样本时均参照了其做法（Khanna等，2015）。

2. Bivariate - Probit法

Poirier（1980）针对部分可观测问题最早提出双变量Probit（Bivariate - Probit）法。Wang等（2010）将Poirier（1980）的方法应用到公司欺诈的研究中。Bivariate Probit估计法的基本思想是将研究目标分解为两个阶段，将所有能观测到的欺诈事件（Z）视作实施欺诈（F）与欺诈被发现（D）两个阶段共同作用的结果。同时，这两个阶段也并非完全相互独立（即 $Z = F \times D$）：一方面，两个阶段均有各自不同的作用机理和影响因素，另一方面两个阶段又可能存在相互影响，有些因素可能同时对两个阶段造成影响，导致欺诈的实施和被发现是互相依赖的两个阶段。例如，部分公司内部因素会导致实施欺诈的倾向升高或是降低，而一些外部因素由于影响欺诈被发现的概率，同样会被欺诈的实施者考虑在内，最终变相影响了公司欺诈的倾向性。同理，有些影响公司欺诈倾向的内部因素由于可以被监管者所观测，因而也变相影响了欺诈被发现的概率。所以，欺诈事件发生的概率 $p(Z) = P(F) \times P(D/F)$，并不是 $P(F) \times P(D)$，即公司实施欺诈的概率 $P(F)$ 与实施欺诈后被发

现的条件概率 $P(D/F)$。定义一个标准化的二维正态分布的累积分布函数，求出两种情况各自发生概率的表达式，并得到其概率的对数似然函数，通过对该函数用最大似然化法（maximum – likelihood method，MLM）进行参数估计，就可以得到公司欺诈事件的概率。

Wang 等（2010）引入 Bivariate Probit 估计法为解决公司欺诈研究中部分可观测问题提供了一种新的思路，目前成为研究公司欺诈、金融监管等问题普遍采用的一种实证方法。近年来，国内也有一些学者陆续将该方法引入对公司违规活动的研究中（陆瑶等，2012）。

3. 概率替代法

这种方法是 Dyck 等（2013）在估计上市公司违规欺诈的成本时构建的。该方法将违规欺诈最终被发现的概率视作违规欺诈的执行概率与条件概率的乘积的结果。但是，实际上公司在执行欺诈活动后被发现的条件概率是未知的。凑巧的是，2002 年美国安达信会计事务所受到欺诈事件牵连而倒闭后，有大量的上市公司为此更换了外部审计师，这一背景恰好为条件概率的观测提供了契机。随后，Dyck 等（2013）通过构建一系列指标，将由安达信提供审计服务的公司与所有上市公司进行比较，证明两者之间并无显著的差异。最终，该研究使用由安达信欺诈事件发现的条件概率替代整个系统的条件概率，进而推导出所有上市公司违规欺诈活动的后果。Dyck 等（2013）模型有两个重要假设，一是安达信提供审计服务的公司实施欺诈的概率和由非安达信提供审计服务公司的实施欺诈概率是相同的。为了证明这一假设的合理性，Dyck 等（2013）根据 Beneish（1999）提出的可以反映利润操纵程度的指标，把安达信服务的公司与其他公司进行了对比，发现各指标均无显著性的差异，此外，Agrawal & Chada（2005）和 Eisenberg & Macay（2004）也均发现由安达信服务的公司和其他公司在财务重述的频率以及事件引起的市场反应等方面并无显著性的差别。二是安达信提供审计服务的公司实施欺诈被发现概率为 1。Dyck 等（2013）认为，在安达信倒闭后，这些公司均更换了新的外部审计机构。这些审计机构不愿承担前任留下的法律风险，一般会对公司财务状况重新进行审计，大量之前被安达信刻意隐蔽的欺诈活动得以暴露，从而排除了部分可观测问题。

这一开创性的方法，为估算上市公司违规欺诈活动严重程度的研究提供了极大的帮助与借鉴，引起了学界广泛的关注。当然，值得我们注意的是，这一研究方法本质上仍然是一种自然实验法，其核心条件依赖于“安达信”的倒闭这一事件及同质性假设，但这也就成为了其弊端所在。并不是所有的国家都存在这样良好的“实验场”。因此如何将这一思想因地制宜地应用于除美国外的其他资本市场，应当是下一步研究所面临的重要问题。

总的来看，这 3 种方法都只能在一定程度上降低部分可观测问题，如何能彻底消除该问题仍然是一个未解难题，需要更进一步的研究。此外，Hahn 等（2016）用 Bayesian 分类法对 Wang（2013）的方法进行了改进，Zakolyukina（2018）使用模拟矩估计（simulated method of moments，SMM）构造了一个结构模型对公司欺诈发生的概率进行估算，他们的研究结果显示这两种方法都提高了公司欺诈程度估算的准确性，有助于解决部分可观测问题。

第3章 上市公司欺诈的理论分析

研究上市公司欺诈的首要难题就是如何对上市公司欺诈进行明确的定义，国内学界目前还未对其进行充分的探讨。现有的相关法律中仅有《民法典》等民事法律对欺诈做出解释，并没有任何法律对上市公司欺诈或公司欺诈做出精确的定义。已有的实证研究大多以公司财务舞弊或公司违规行为为研究目标。与财务舞弊相比，公司欺诈概念所指的范围更为广泛，而与违规行为相比，欺诈行为更强调实施主体的主观故意性，范围也更加具体。因此，财务舞弊、（上市）公司违规与（上市）公司欺诈之间不仅是说法上的区别，内涵意义及所指范围都不相同。本章综合参考语言学、法学、经济学等学科的相关研究成果，首先对上市公司欺诈的定义进行充分的讨论，然后以此为基础对上市公司的欺诈行为进行具体的界定和归类，讨论上市公司欺诈与财务舞弊、公司违规以及盈余管理等相关行为之间的区别和联系，并构建了一个专门针对中国上市公司欺诈的样本。本书的最后一节则依据最新的理论成果，对上市公司治理和上市公司欺诈之间的关系进行了一个简要的理论分析。

3.1 上市公司欺诈的定义

3.1.1 “欺诈”的定义

现代汉语中“欺诈”一词的由来可追溯至古语中互训的解释方式。古汉语词典在对有些词语进行解释时，为了避免用烦琐的语句说明，而采用同义词互相解释的方法，称之为互训。汉代许慎编纂的《说文解字》，是中国第一部系统分析汉字字形和考究字源的书籍，也是首部按部首编排的汉语字典。该书收录了“欺”与“诈”的用法，并将两词互训使用。在《说文·欠部》中：“欺，诈也。”《说文·言部》中：“诈，欺也。从言，乍声。”在现代汉语的构词法中，很多词语都是将互训的两个字组合为一个词。其他的典型例子如：“更改”，“更，改也”，“改，更也”；“追逐”，“追，逐也”，“逐，追也”；“寄托”，“寄，托也”，“托，寄也”；“奉承”，“奉，承也”，“承，奉也”。因此，在大部分古文书中，“欺”与“诈”均作为独立的词语使用。《战国策·秦策一》：“苏秦欺寡人。”《韩非子·孤愤》：“其行欺主也。”晋葛洪《抱朴子·吴失》：“主昏于上，臣欺于下。”宋司马光《廉颇论》：“相如抗节不挠，视死如归，卒欺秦王而归璧于赵。”《左传·宣公十五年》：“我无尔诈，尔无我虞。”《史记·楚世家》：“楚王怒曰：‘秦诈我而又强要我以地！’”但是，也有“欺”与“诈”同时出现的状况，如《战国策·燕策二》：“齐田单欺诈骑劫，卒败燕军，复收七十城以复齐。”《汉书·西域传下·车师后国》：“其后莽复欺诈单于，和亲遂绝。”

《现代汉语词典（汉英双语）》对欺诈的释义是用狡猾奸诈的手段骗人，该词典选择“fraudulence”作为欺诈的英文对照词。

《韦氏词典》对“fraudulence”的解释是：扭曲事实的欺骗行为；以诱导他人放弃财务或法律权利为目的的隐瞒、歪曲事实的行为。

中国的《民法典》对欺诈进行了明确的界定：一方当事人故意告知对方虚假情况，或者故意隐瞒真实情况，诱使对方当事人做出错误意思表示的，可以认定为欺诈。《国际商事合同法则》第38条注释对欺诈的解释是：欺诈行为是意欲诱使对方犯错误，并因此从对方的损失中获益的行为。这些也成为民事案件和商业纠纷中判定欺诈罪的依据。

欺诈作为一种民事行为，法学界的学者对其进行了更充分和更加具体化的讨论。《布莱克法律词典》对欺诈的解释是：故意歪曲事实，诱使他人相信被歪曲的事实以致放弃属于自己的财物，或者通过隐匿公开事实的方法，故意欺骗他人以达到对他人法定权利的伤害。《中国大百科全书（法学篇）》对欺诈的表述是：欺诈是故意使表意人发生错误或利用其错误，使之同意办理对他有利的法律行为。其手段如：虚构事实，隐瞒真情，以及有告知实情的义务而故意不告知或推迟告知等。彭万林（2011）对欺诈的定义是：“欺诈是当事人一方故意捏造虚假情况，或歪曲、掩盖真实情况，使表意人陷于错误认识，并因此做出不合真意的意思表示。”王利明（2001）认为：“欺诈是一方行为人故意告之对方虚假情况，或者故意隐瞒真实情况，致使对方做出错误判断意思表示的行为。行为人因欺诈行为陷入错误认识并基于错误认识而为不真实意思表示的民事法律行为，即为欺诈的民事法律行为。”从以上论述来看，欺诈行动的核心特征是“欺骗”与“隐瞒”，而行动的后果是他人陷入“错误意识的表示”，从而导致“财物或法定权利的损失”。

根据以上文献，欺诈需要由一定的主观因素和客观要素共同构成。首先，从主观因素来看，欺诈需要有“故意”的成分：欺诈的实施主体明知自己的行为会引起他人上当受骗甚至造成损失，但仍然会选择继续实施，实施的主体对他人上当受骗的结果抱有期望和放任的态度。其次，从客观条件来看，欺诈行为要有一个“他人”，即存在一个客体，是主体试图欺诈的对象，再次，欺诈并不要求客体受到损害的结果已经发生，只要使客体产生错误的认识即可。因为欺诈已经从根本上违反了法律的基本原则和公认的商业道德，即使未造成任何人的实际损害，也扰乱了正常的竞争秩序和社会经济秩序，具有社会危害性。总之，构成欺诈行为的3个基本要素为：①实施主体的“故意性”。②存在被欺诈的“客体”。③“客体”受到损失的可能性。

3.1.2 上市公司欺诈

上市公司欺诈属于公司欺诈的范畴。而公司欺诈是指由依法设立、以营利为目的的企业法人实施的欺诈行为。美国司法部对公司欺诈行为的定义包括以下几类：伪造财务信息，包括伪造会计分录、虚假交易、操纵收入、欺骗性的高估资产、收入和利润、或低估、隐藏负债和损失的交易，以及逃避法律监督的交易；公司内部人的不当内部交易、收受回扣，为追求个人私利而不适当的使用公司资产及任何违反有关个人所得税的交易行为；与其他团体经营的共同基金和防御基金有关的欺诈，包括延迟交易，延迟某些市场计划及其他与共同基金或防御基金有关的造假和舞弊行为；阻碍司法公正、伪造或篡改证据，或与前述行为相关的其他阻碍行为。美国注册舞弊审查师协会（The Association of Certified Fraud Examiners, ACFE）将公司欺诈定义[①]为利用职业便利故意误用或滥用组织的资源以达成私人目的的行为。目前，中国法律对上市公司欺诈行为尚并没有明确的定义。1993年9月2日，国务院证券委员会发布的《禁止证券欺诈暂行办法》第二条对“证券欺诈”进行了定义，证券欺诈行为包括证券发行、交易及相关活动中的内幕交易、操纵

① 来自《ACFE 2010 Global Fraud Study》。

市场、欺诈客户、虚假陈述等行为。除了欺诈客户是专门针对证券公司经纪业务外，其余可以视作在中国法律仅有的针对上市公司欺诈行为的描述。

国外学界从理论角度对公司欺诈的定义进行了广泛的探讨。Bonini 和 Boraschi - Diaz（2013）认为，所有欺诈活动的共同本质是不诚实与欺骗，具体表现是与欺骗、贿赂、伪造、勒索、腐败、盗窃、阴谋、贪污、挪用、虚假陈述、隐瞒重要事实及共谋相关的一些行为。从经济学的角度看，公司欺诈是代理人以获得个人收益为目的而实施的完全理性行为，且代理人事前对欺诈行为给公司造成的预期损失高于预期收益。Dyck 等（2010）认为公司欺诈是由公司或公司管理层实施，导致公司蒙受损失或受到监管层处罚的不当行为，不当行为的典型表现包括对公司真实状况的虚假陈述，公布带有欺骗性的审计报告，股价操纵，等等。

以上文献关于公司欺诈定义的讨论实际上主要是依据公司欺诈行为的表现形式进行定义，并没有从本质上探讨公司欺诈的的性质、特征等，以使其与其他相关行为进行有效的区分。上一节归纳了构成欺诈或一般民事欺诈的 3 个要素。公司欺诈与一般的民事欺诈相比，主要是将实施主体限定为依法设立的，以营利为目的的企业法人，所有公司欺诈的形式也以公司企业为载体，以企业经营活动的形式体现，行为构成的要素与民事欺诈本质上相同。但上市公司作为一种特殊的公司，其欺诈行为的构成要素与民事欺诈及一般的公司欺诈相比，又具有如下 3 个显著的特征：

（1）欺诈的实施主体与上市公司相关，并且存在主观上的刻意性。上市公司欺诈的实施主体既可以是上市公司内部的高管、员工，也可能是公司的股东，同时也可能是与公司并无直接关联的其他人员，其共同的特征是具有一定的资源优势或信息优势，能够通过上市公司这一载体提高欺诈活动的个人收益。同时，与民事欺诈相同的是，强调欺诈是实施主体刻意的行为。这是划分上市公司欺诈行为与一般违规行为的标准。有一些上市公司的违规行为是由于实施主体的失误或是公司管理不善造成的，这些行为的实施主体并没有主观欺骗投资者的意图，因此并不能列入上市公司欺诈的行列。

（2）欺诈的客体是广大的外部投资者。本书认为，欺诈客体的区别正是上市公司欺诈与一般公司欺诈最大的区别。公司欺诈的客体是数量有限的特定对象，比如说与公司发生业务往来的客户或合同签订的另一方等，而上市公司欺诈的客体是不特定的广大社会投资者。本书研究的也正是这种可能会给广大社会投资者造成不利影响的上市公司欺诈行为，而非一般的公司欺诈。例如，如果是由一家上市公司欺诈其业务往来的客户，那么这只是由上市公司实施的"公司欺诈"，而非本书研究的"上市公司欺诈"的范畴。

（3）可能造成更加严重的后果。正是由于上市公司实施欺诈主体和客体的特殊性，上市公司的欺诈行为可能造成（比一般公司欺诈）更严重的后果，这是构成上市公司欺诈的第三个重要特征。由于上市公司的股票面向大众公开发行，只要是具备基本民事能力的主体都可以持有上市公司的股票，因此上市公司涉及广大外部投资者的利益，上市公司欺诈造成的影响要远大于一般的公司欺诈。同时，强调"可能性"，即只要从逻辑上推断欺诈行为可能给投资者带来严重后果即可，并不要求这种损害一定发生。由于资本市场运行的复杂性，很多时候并不是一个信息完全的有效市场，尤其是像我国这样的发展中国家，有的欺诈行为尽管行径很恶劣，但由于不能及时在资本市场反应，但可能并没有实际给广大投资者造成巨大的损失，但并不能因此而否定欺诈行为的本质。Povel 等（2007）的研究提出，在不同的经济周期下，投资者对上市公司欺诈的监管密度不同，上市公司欺诈在不同的经济周期下给市场造成的反应是不同的，因此，不能完全依据已经构成的损失来鉴别上市公司的欺诈行为。

除了构成要素的区别，上市公司欺诈行为与一般的民事欺诈，以及一般的公司欺诈行为相比，在表现形式上还具有以下3个显著特征：

（1）当事人的不确定性。一般民事欺诈行为中的欺诈人和被欺诈人大部分情况下是签订合同的两方，是确定性的，由此产生合同撤销或侵害责任认定等结果。然而，在上市公司欺诈的案件中，投资者购买上市公司证券，相当于是以交易所为中介与其他的投资者进行交易，是投资者之间相互签订合同，但欺诈的实施方一般既不是交易所，也不是证券的卖方，往往是合同的第三方。此外，一般民事欺诈的被损害人是有限的个体，较容易确认，而在上市公司欺诈中，被欺诈人或受害人是广大的投资者群体，是一个不确定性的群体。

（2）交易关系的效力不同。由于一般民事欺诈行为的当事人责任容易鉴定，因此对于被欺诈人的损失往往可以通过认定合同无效，撤销双方的权利义务，要求欺诈人赔偿等方式挽回，然而在上市公司欺诈事件中，投资人购买股票的行为到底多大程度受到了欺诈行为的影响难以精确的鉴别，因此对于已经发生的交易，尤其是在二级市场发生的交易，大部分情况下仍然视为有效。上市公司欺诈事件在发生后，投资者受损的利益往往难以挽回。近两年发生的博元投资和欣泰电气欺诈事件就是典型的代表。两家公司退市后，股价连续走出多个跌停板，尽管证监会出台了一系列措施弥补投资者损失，但由于对于投资者的持股欺诈等多方面作了限制，实际上大部分投资者的损失是难以弥补的。

（3）影响范围不同。上市公司的规模一般大于同行业的非上市公司，因此欺诈事件涉及的经济损失往往更大。由于股票面向公众公开发行，上市公司受到更高的媒体和民众关注度，欺诈行为还会造成一定的社会影响。此外，很多上市公司往往是当地的产业龙头，对于当地的经济发展、就业率等方方面面有举足轻重的影响，因此上市公司一旦发生欺诈事件，其造成的损失不仅仅局限于经济损失，也会对当地的经济和民生产生负外部性。而一般的民事欺诈案件或非上市公司欺诈并不具有这样的影响力。

根据以上讨论，本书将上市公司欺诈定义为：与上市公司相关的行为主体，明知行为可能造成严重的后果，在公司信息披露或其他与公司经营有关的活动中，以故意虚构、隐瞒、拖延等手段欺诈外部投资者的行为。

3.2　上市公司欺诈行为的主要类型

根据上一节对上市公司欺诈定义的探讨，本节拟对上市公司欺诈行为进行具体的界定和归纳。目前《中华人民共和国证券法》（以下简称《证券法》）及其他法律对上市公司欺诈并没有明确的说法，在媒体报道中对于上市公司欺诈行为认定的主要依据来自《证券法》中对持续信息公开项目的规定上市公司“不得在披露的资料存在虚假陈述、误导性陈述或隐瞒披露；重大事项披露不及时、不充分、不完整或不真实；信息披露没有按规定执行。”以及对于禁止交易类型的规定。本书综合参照《证券法》《上海证券交易所股票上市规则》《深圳交易所上市规则》以及国泰安上市公司违规行为数据库，认为中国上市公司欺诈行主要包括 4 个类型：虚假披露、隐瞒披露、延迟披露和违规买卖股票。

3.2.1　虚假披露

虚假披露主要是指对公司在公开披露的信息的过程中，违反“不真实”的原则，所披露的公开信息存在捏造、伪造的成分。虚假披露的表现形式主要有财务舞弊和虚假陈述两类。

（1）财务舞弊是指公司对外披露的财务信息中存在虚假成分

的状况。财务舞弊常见于两种状况。一种是财务舞弊发生在公司上市之后，常见情况是企业为了避免“戴帽”而对利润进行虚构。由于根据沪深交易所上市的规则，上市公司连续两年净利润为负，将予以特别处理，上市公司名称前加“ST（Special Treatment）”标识，俗称“戴帽”。为了避免公司名称“戴帽”导致的不良影响，有些上市公司的管理层会“铤而走险”，在财务数据上进行造假，银广夏是典型的代表；另一种是财务舞弊发生在公司上市之前，但在上市后被监管方发现。上市公司为了获得上市资格，在上市前的财务报表中通过虚增资产、虚构营业收入等方式造假，该类行为在证监会或交易所的公告中常被表述为“欺诈上市”，欣泰电气和绿大地等是欺诈上市的典型代表。

（2）虚假陈述主要是指公司在公开披露的非财务信息中存在虚构的情况。一般是公司为了维护股价等目的，在陈述公司经营活动的相关重大事项中存在捏造、伪造或是夸张的情况。虚假陈述可以归纳为两种类型，一种是典型的虚假陈述，另一种是非典型的虚假陈述，又称之为误导性陈述。典型的虚假陈述指公司公开披露的重大事实存在明显的虚构和捏造的成分。常见的状况是对外发布毫无事实根据的公司重组消息或是以“画饼”的方式描述公司发展战略，以吸引投资者的目光。例如，银广夏在由于虚构利润接受证监会调查期间，为了维护公司股价，对外发布毫无根据的公司重组事宜，“错上加错”；再如，2001 年著名的中科创业欺诈事件，公司对外发布“高科技加金融”的发展战略以帮助其哄抬股价，而实质上当时公司的内部管理和财务均处于极糟糕的状况，新的发展战略根本是无从谈起。非典型的虚假陈述，在证监会和交易所公开披露的文件中常被称为误导性陈述，指上市公司披露的重大事实虽然不存在明显捏造、虚构的成分，但公司在信息披露中故意使用不准确或夸张的表达，使投资者产生歧义的理解，而对公司的状况做出不正确的判断，陷入投资风险。典型的误导性陈述如 2007 年杭萧钢构欺诈案，其发布公告称，“公司正与有关业主洽谈一境外建设项目，该意向项目整体涉及总金额折合人民币约300亿元，该意向项目分阶段实施，建设周期大致在两年左右。若公司参与该意向项目，将会对公司2007年业绩产生较大幅度增长”，这与安哥拉项目合同草案实际约定的“各施工点现场具备施工条件后二年内完工”的内容存在严重不符，足以对投资者产生误导，使投资者以为该项目的实施条件不存在重大不确定性，能够确定在两年左右的时间内完工，会使公司2007年业绩产生较大幅度增长。

3.2.2 隐瞒披露

隐瞒披露指上市公司违反“不完整”的原则，对于一些负有公开披露义务的信息未披露的状况，在交易所或证监会的公开信息中又常被表述为重大遗漏。隐瞒披露有两种情形，一种是公司对于正常经营中涉及的一些负有披露义务的重大事项未予披露的情形，公司经营活动本身并不违规，例如签订重大合同、发生诉讼纠纷、业绩发生大幅变化、持股5%以上的股东持股状况发生变化等情形。另一种是上市公司发生的一些业务与公司正常的经营活动无关，或者是行为本身已经存在违规或欺诈的嫌疑，因此上市公司选择不予披露，也是一种“错上加错”的行为。常见的几种情况有：关联交易不披露、占用公司资产不披露、违规担保不披露、擅自改变资金用途不披露等状况。

关联交易是指上市公司与其存在附属关系或共同控股关系之间的关联方发生的交易。关联交易一方面可以降低交易成本，有利于公司的发展，但另一方面关联交易往往是公司管理层或大股东用以掏空上市公司，损害中小股东利益的主要方式，因此监管部门要求关联交易应当及时披露。在许多上市公司欺诈案例中，上市公司并未披露发生的关联交易，而事后往往发现这些关联交易中上市公司本身并未获得益处，但大股东却利用资源优势掏空公司，获得私人收益，损害债权人和中小股东的倾向十分明显。

违规担保是指上市公司在未获得董事会或股东大会通过的情况下，擅自以上市公司资产为抵押物，为其他经济主体提供担保。由于未通过股东大会决议，自然信息也就无法公开。提供担保意味着将上市公司的所有股东置于违约责任的风险之下，股价可能产生剧烈波动，因此很多上市公司选择不予披露构成欺诈。

占用公司资产，是指上市公司将公司资产用于与公司经营无关的活动。占用公司资产往往也是大股东掏空上市公司的常见手段，因为占用公司资产方常常就是公司的大股东。典型案例如猴王股份有限公司自 1994 年 7 月以来，长期借款给大股东使用，金额达 8.91 亿元；1998 年 4 月以来，为大股东提供巨额担保，金额达 2.44 亿元。以上行为严重影响了公司的正常经营。但是公司一直未对上述事项进行及时的披露。

擅自改变资金用途。是指一般上市公司在首次公开发行或再融资时，会明确承诺资金的用途、使用方式等，如果改变资金用途需要通过董事会和股东大会决议，但一些上市公司未通过董事会或股东大会决议，就擅自改变资金用途，构成欺诈。典型案例如 2001 年华信股份募集的 9906 万元配股资金到位后，未实施承诺的“合资设立沈阳达尔飞智能交通有限公司”项目，项目资金一直被控股股东华信集团占用；未实施所承诺的配股资金用于建设信息互联网站，而是被用于购建武汉科技王大厦房产。华信股份募集的 9906 万元配股资金中实际被控股股东华信集团累计占用了 9061.13 万元。

重大交易不披露。《证券法》规定上市公司股东持有股票达到 5% 以上或股票交易规模达到公司总股本的一定比例时，按照相关法规应当予以披露，有些上市公司由于不披露而构成欺诈。而在很多情况下，股东重大交易不披露往往是上市公司为了方便操纵股价或是其他目的，损害广大外部投资者的利益。

3.2.3　延迟披露

延迟披露与误导性陈述类似，披露的信息内容一般并没有伪造和虚构的成分，但由于披露的时间不够及时，构成欺诈。在资本市场上，信息的及时性与真实性同样重要，信息披露的早晚往往涉及巨大的经济后果。延迟披露主要有三种类型：第一种是在上一部分隐瞒披露中提及的几种情形，关联交易、占用公司资产、违规担保、擅自改变资金用途等，行为本身构成欺诈，上市公司虽然最后予以了披露，但不够及时；第二种是延迟披露定期报告。按照《证券法》和沪深交易所上市规则的规定，上市公司有义务在规定的时间发布公司的年报、季报、半年报等公开信息。一般在应当披露的时间，市场会对公司予以特别的关注和预期，并根据定期报告披露的状况做出反应。而如果信息披露不及时，很容易导致提前获取信息的内部人士进行内幕交易，承担损失的则是广大的外部投资者；第三种是业绩修正预告的延迟披露。沪深交易所均规定当公司年度业绩为亏损，扭亏为盈，或较上一年度同比变化50%时，应当在会计年度结束后1个月内发布预告，对于该类情况，少数的公司直接未予披露，有大量公司逾期进行预告。显然，需要业绩预告的情形可能引起巨大的市场反响，公司延迟披露往往是担心业绩预告后引起公司股价的大幅波动。再有，如果上市公司披露业绩预告后，又预计本期业绩与已披露的业绩预告情况差异较大的，交易所规定应当及时刊登业绩预告更正公告，但同样有大量的上市公司不能及时发布更正公告。例如，神州数码公司于2007年10月29日刊登预计2007年度亏损6000万—8000万元的公告，又于2008年4月19日刊登预计2007年度亏损约2.5亿元的公告，业绩预告修正公告的披露时间严重滞后。显然，两次业绩预告的数据相差极大，会引起市场剧烈的波动，上市公司的行为构成欺诈。

3.2.4 违规交易

除了在信息披露过程中的欺诈行动外，股票违规交易是上市公司欺诈的主要形式。按照购买股票的投资者类型，违规买卖股票的欺诈可以分为两类，一类是内部人欺诈，一般是公司高管违规买卖股票的情形。按照《证券法》的规定，持股5%以下股东的持股变化不需要进行信息披露，但是对于上市公司高管买卖股票予以一定的限制。主要是由于这一群体对于公司状况有更详细、更及时的了解，这一规定是为防止其凭借信息优势进行内幕交易，而让外部的中小投资者承担损失。我国上市公司存在有大量高管违规买卖股票的情形。典型的案例如：2011 年中联电气公司董事许某在 9 月 26 日和 9 月 28 日分别两次减持股票 617001 股和 100001 股，涉及金额共 166 万元，公司于 10 月 18 日公布第三季度报告。而按照《证券法》的规定，报告披露前的一个月为敏感期，公司高管，包括董事监事会成员不得买卖股票。违规买卖股票的另一类状况是由外部人违规买卖股票的行为，也是大部分内幕交易和操纵股价的形式。虽然购买股票的是外部股东，但是泄露内幕消息的往往是公司的内部人士，内部人士很可能共享收益，因此也属于上市公司欺诈的范畴。外部人欺诈的另一种情况是利用资金优势，通过短线交易操纵股价，该类行为造成股价的大起大落，最后买单的往往也是广大的外部中小投资者，因此也构成欺诈。

需要指出的是，并不是所有的违规买卖股票都构成欺诈。例如，2010 年深振业 A 某高管本打算出售其持有的本公司股票 22 万股。该部分股份按照 2 万股/笔的方式分 11 笔出售，但在出售股票过程中，由于操作失误，1 笔交易误将“买入股票”作为“卖出股票”，以 7.06 元/股的价格买入本公司股票 2 万股，构成短线交易违规，其获利需上缴公司。按照本书对上市公司欺诈的阐释，实施主体的主观故意性是构成的核心要素之一，在以上案例中，股票的交易主体并不存在这种主观上的故意性，且买卖金额较少，难以对公司产生重大影响，因此并不构成欺诈。主观故意性是本书认为上市公司欺诈的核心要素之一，这些违规买卖股票虽然被证监会及交易所按照规定予以公开通报，但并不构成欺诈。

3.3　上市公司欺诈相关行为的探讨

国内学界目前较少有真正意义上对上市公司欺诈的研究，但有较多研究关注财务舞弊、公司违规、盈余管理以及大股东掏空上市公司等行为，这些研究目标与上市公司欺诈既有区别又互有联系，研究的结论可对本书的研究提供相当有价值的借鉴意义，因此本部分将对它们之间的关系进行探讨，进行比较分析，以更加明确本书的研究目标和研究意义。

3.3.1　上市公司欺诈与上市公司违规

本书认为就上市公司的财务舞弊、公司欺诈、公司违规三者而言，三者是范围逐级扩大的关系，即财务舞弊必然涉及欺诈，欺诈必然涉及违规（见图 3－1）。前两者易于区分，只要看公司行为是否涉及财务数据的披露即可，而后两者的区分则存在一定的难度。

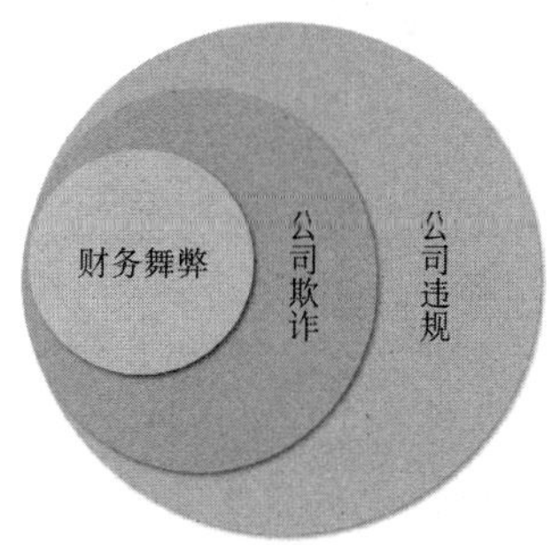

图 3－1　公司违规范围

我国对上市公司的监管方主要有证监会以及上海和深圳两大证券交易所，少数情况下财政部也参与对上市公司的监管，证监会主要依据《中华人民共和国证券法》《关于规范上市公司重大购买或出售资产行为的通知》《股票发行与交易管理暂行条例》《中华人民共和国会计法》等法律法规对上市公司进行监管，两大证券交易所主要依据《上海证券交易所股票上市规则》《深圳证券交易所股票上市规则》《信息披露管理制度》以及一些不定时发布的通知、准则等对上市公司进行监管，对于违反相关法律法规的上市公司，各监管机构将在官方网站发布处理文件，予以公开披露，披露的内容包括上市公司违规行为描述、违规类型、违反的具体法律法规及惩罚措施等。国泰安、Wind、锐思等数据库均对这些信息进行了收录并进行整理，也成为国内大部分对于上市公司违规行为研究的样本来源。有些研究虽以公司欺诈为研究目标，由于公司欺诈行为与公司违规行为区分上的困难，使用的样本仍为违规行为数据，将两者视为等同。区分两个概念不仅仅是表述准确性的需要，由于两种行为在本质上存在差别，其行为动机、作用机制、影响因素等方面必然也不相同，这将对实证研究的结果产生根本的影响，因此有必要对两者之间的关系与区别进行探讨。

结合本书对于构成欺诈的3个核心要素的讨论，上市公司的欺诈行为与非欺诈的违规行为同样可以在这3个要素上予以区分：

(1) 是否存在主观上的“故意性”。欺诈行为往往是实施主体刻意隐瞒、虚报或延迟披露公司的财务信息或重大事实等，而很多非欺诈类的违规行为并不存在这种主观性，可能是由于公司运作的不规范或实施主体的疏忽等原因造成的。比如在国泰安上市公司记录违规行为的数据库中，有大量的违规案例是公司在进行兼并收购期间未能及时向证监会上报材料，有的是公司在董事会秘书卸任后未按规定在三个月内重新聘任新的董事会秘书并予以对外披露，有些公司环保设施不达标，等等，这些行为也都受到证监会或交易所等机构的公开批评并被记录为违规行为，但本书认为这些行为并不构成欺诈。

（2）上市公司非欺诈的违规行为的客体是一般是监管机构，而欺诈行为的客体虽然包括监管方，但其最终目标是广大的外部投资者。上市公司欺诈行为的本质是通过欺骗、捏造、隐瞒等手段使广大的外部投资者难以知晓公司的真实情况，使外部投资者的投资决策无法以公司的真实情况为依据，从而继续维护或者是帮助推高上市公司的股价，实施主体得以谋取私人收益。而非欺诈的违规行为即使是实施主体刻意为之，其行为的目标客体也仅是监管方，并没有欺骗外部投资者的意图，比如有些上市公司因为数额不大的偷税漏税就是典型的代表。我们之所以研究上市公司的欺诈行为，是因为相比非上市公司，其损害的利益群体更加庞大，行为造成的市场影响和社会影响更加恶劣。因此，从研究意义来讲，研究上市公司欺诈行为的最终意义在于如何保护广大的中小投资者。

（3）正是由于行为客体的区别，欺诈行为可能造成的后果往往比非欺诈的违规行为更加严重。相比虚构利润、隐瞒公司重大事实等典型的欺诈行为，非欺诈的违规行为一般不会引起公司股价的剧烈波动。从实证研究的角度看，国外学界指出无理诉讼（frivolous lawsuit，又称无谓诉讼）是造成公司欺诈研究的一大困难，将无理诉讼纳入研究样本会导致研究结果的偏差。很多违规行为往往就是无理诉讼的典型代表。即使有些违规行为明显是刻意为之，但如果行为的后果明显不会对公司的经营和股价产生重的大影响，也应当在研究的过程中予以剔除。总之，本书认为实施主体是否存在主观上的故意性，是否以广大外部投资者为客体，是否可能造成严重性的后果的是区分欺诈行为与非欺诈违规行为基本原则。

本书接下来以国泰安数据库记录的从 1994—2016 年的中国上市公司违规数据库为基础，归纳几类构成违规而不构成欺诈的典型行为。上一节已经指出一些违规买卖股票并不构成欺诈，在国泰安数据记录的854起违规交易股票的事件中，共有57起是由于误操作而引起的，按照本书的定义并不构成欺诈。除此之外，一些虽然违规，但并不构成欺诈的典型行为有：

（1）一般会计处理不当，指上市公司在具体的财务操作中因违反《中华人民共和国会计法》《企业会计准则》及其他法律中关于会计处理的条款而被监管机构认定为违规的情况，一般造成的后果往往较为轻微，不会对公司经营产生重大影响，或者即使涉及金额较大，但经查是由于财务人员操作失误引起，监管机构一般会将其认定为一般会计处理不当，而不会认定为披露不实，虚假记载，虚构利润，虚列资产等行为。比如中粮地产在2009年度多计管理费用57万元，少计企业所得税11万元，未缴纳房产税78000元；国际医学少缴营业税48万元，导致利润总额增加48万元从而被监管机构予以披露，认定为违规行为。从以上事实可以看出，一般会计处理不当虽然存在实施主体主观上的故意性，但由于其造成的后果不会对公司的经营和股价产生重大影响，投资者一般也不会因此而受到巨大的损失，为了避免对研究结果产生偏误，需要将这些行为剔除。本书排除了99起单纯因为一般会计处理不当而被认定为违规事件的案例。

（2）证监会等监管机构在对上市公司的例行检查或专项检查中发现公司日常运作不够规范，要求整改的情形。如新洋丰在2015年被当地证监局发现董事成员资料不足，公司章程需进一步完善等问题，需要整改。证监会在2013年对欧菲光的例行检查中发现：公司的三会运作不规范、董事会人数不符合公司规定、部分事项未履行决策程序或者程序不规范、部分制度未得到有效执行或需进一步完善研发支出会计核算制度不够明确具体，会计核算缺乏一贯性、研发支出的会计核算水平有待进一步加强等问题。国泰安数据库中该类型的违规案例达到73起。

（3）公司人事管理的违规状况。深深房A、岭南控股都曾发生原任董事会秘书辞职后超过 3 个月未聘任新的董事会秘书而被交易所通报批评。皇廷国际 2014 年被发现聘用的独立董事任职期限超过 6 年，违反相关规定而被通报。此外，上市公司全体董事、监事应当及时签署“董事（监事）声明及承诺书”并送交交易所备案，而有多家上市公司董事、监事均因为未履行该义务而被监管部门通报批评。该类违规行为共 19 起。

（4）公司日常经营中的不规范行为。比如共有 29 起案例由于生产活动中的环保措施不达标而被证监会通报批评。再如，2015 年申万宏源证券外部接入具有分账户功能的第三方交易终端软件，未对外部系统接入实施有效管理，对相关客户身份情况缺乏了解，因而被证监会通报批评。再如共有 13 家上市公司因为在公司重组事宜中未按规定时间向中国证监会报送备案材料而违规。这些属于公司经营相关的正常活动中出现违规的状况，但并不构成欺诈。

3.3.2　上市公司欺诈与盈余管理

盈余管理是公司在遵循会计准则的基础上，通过对企业报告的会计收益信息进行控制或调整，以达到自身利益最大化的行为。实际上，盈余管理是一个仅在学界存在的概念，实务界并不存在这一说法。理论界目前主要是使用 Jones 模型，通过对公司净利润与经营活动现金流的差值进行回归，将其实际值与估计值的残差作为可操纵应计项目，以此衡量公司的盈余管理程度。公司欺诈与盈余管理的显著区别是是否违规，盈余管理一般遵循会计准则，并不构成违法违规行为，而欺诈行为一定是违法违规行为。从行为动机的角度看，可以认为当经理人将增加公司的利润、资产，试图制造一个“好看”的会计报表为既定目标时，如果在会计准则之内无法实现目标，欺诈可能成为风险偏好较高的经理人进一步采取的行动。盈余管理与欺诈存在一定程度的目标一致性。因此，对于本书的研究来说，影响盈余管理的因素可能同样影响公司欺诈，并且影响的方向一致。在一定的条件下，倾向于盈余管理企业的欺诈倾向可能也高于没有进行盈余管理的企业。关于盈余管理的已有研究可以为本书提供一定程度的借鉴。

3.3.3 高管欺诈与大股东欺诈

按照欺诈实施的主体不同，上市公司欺诈分为上市公司高管欺诈和大股东欺诈。从理论角度看，高管欺诈可以归纳为第一类代理问题，大股东欺诈可以归纳为第二类代理问题。Jensen 和 Meckling（1976）提出，由于经营权和所有权的分离，公司经理人可能通过在职消费和过度投资损害外部股东的权益，上市公司高管的各类欺诈行为本质上是第一类的委托－代理问题。随着现代公司制度的发展，上市公司数量的增加，近年来股东与股东之间的利益冲突引起学界的关注。La Porta 等（1999），Claessens 等（2000）等人指出公司的大股东可以借助控股优势，利用投票权实现资源的转移，掏空上市公司，损害广大中小股东的利益，该理论又被称为隧道效应或壕沟效应，学界普遍将这种大股东与中小股东之间的代理问题称之为第二类委托－代理问题。

根据国泰安数据库的统计，从 1995 年 5 月 31 日至 2016 年 10 月 16 日止，因涉及上市公司违规事件受到处罚的主体总共 9864 例，其中违规主体为上市公司高管的有 8595 例，上市公司股东或者上市公司股东公司的高管 657 例，既是上市公司高管又是上市公司股东或上市公司股东高管的 37 例，上市公司第三方 175 例，其他上市公司直接关联方的 327 例，其他 212 例，上市公司高管与股东是上市公司违规行为最主要的实施主体。

上市公司的管理层欺诈和大股东欺诈之间彼此有所区别而又互相联系。管理层欺诈从根本上讲是公司内部人利用对公司日常的经营权以及由此产生的信息优势损害公司利益，实现个人收益，而大股东欺诈是利用手中的投票权，通过决定公司重大事项，完成公司资源转移而实现个人收益。两类欺诈行为的作用机制本质上是不同的。从最早的公司实践看，大股东由有限的个体构成，管理层是大股东共同聘请的职业管理者，管理层和大股东是简单的相互制约的关系。而对于上市公司来说，除了管理层和大股东外，还涉及广大的外部中小投资者。管理层和大股东的行为既可能互不知情、互不干扰，也可能相互制约，还可能通过共谋行为共同欺诈外部投资者，或者是即使不共谋，出于种种目的考虑，一方对另一方的欺诈行为采取放任的态度，等等。随着现代公司企业的运行呈逐渐复杂化的趋势，上市公司的管理层和大股东之间的关系也逐渐复杂化。

3.4　中国上市公司欺诈行为概述

根据国泰安上市公司违规行为数据库的记载，从 1994 年 10 月 20 日起，至 2016 年 10 月 21 日止，上市公司共发生违规行为 4267 起。根据前文对上市公司欺诈定义的讨论以及上市公司欺诈与违规的区别，本书剔除掉 651 起虽然违规但是不构成欺诈的案例，剩余 3616 起。表 3 – 1 按照欺诈总体的四种类型对这些欺诈行为进行归纳。欺诈类型总体分为虚假披露，隐瞒披露、延迟披露和违规交易四类，虚假披露主要有虚构利润、虚列资产和虚假陈述三种具体类型，违规交易主要包括违规买卖股票、操纵股价和内幕交易三类。大部分违规担保、擅自改变资金用途、定期公告、业绩预告等欺诈行为往往与延迟披露或隐瞒披露同时出现，有些关联交易不构成欺诈或违规，但是在信息披露的过程中构成欺诈，这些行为均被列入隐瞒披露或是延迟披露的类别（见图 3 – 2）。表 3 – 2 则以时间为单位，详细列出总体欺诈事件和主要的四种欺诈类型的时间变化。通过这些数据描述，可以发现，中国上市公司的欺诈行为具有如下特征：

表 3－1　中国上市公司欺诈的主要类型和具体行为描述

欺诈类型		欺诈（相关）行为	
虚假披露	1318	虚构利润	158
		虚假陈述	1131
		虚列资产	29
隐瞒披露	1140	占用公司资产	379
		违规担保	260
		关联交易	634
延迟披露	1554	擅自改变资金用途	98
		定期公告	195
		业绩预告	322
违规交易	825	违规买卖股票	703
		操纵股价	8
		内幕交易	114
总 计	4837	总 计	4031

注：本书图表均为作者根据 CSMAR 数据库手工整理，下同。

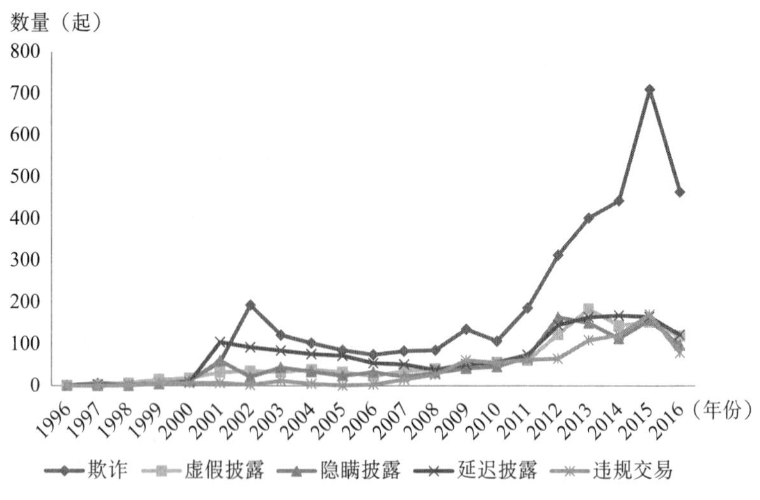

图 3－2　欺诈事件数量的变化趋势

表 3－2　　　　每年发生的欺诈事件数量

年份	欺诈	虚假披露	隐瞒披露	延迟披露	违规交易
1996	1	1	1	0	0
1997	6	3	1	3	0
1998	5	7	1	2	1
1999	16	16	5	7	7
2000	14	19	11	9	6
2001	57	33	61	105	7
2002	194	36	22	93	2
2003	122	34	45	85	12
2004	103	40	35	77	5
2005	86	33	25	73	1
2006	75	24	33	55	3
2007	84	36	23	52	15
2008	86	42	32	39	27
2009	136	45	43	53	62
2010	108	57	47	57	56
2011	187	62	69	75	63
2012	313	124	165	146	66
2013	403	185	151	165	110
2014	444	145	114	169	122
2015	711	153	158	166	172
2016	465	120	98	123	80
总计	3616	1215	1140	1554	817

（1）上市公司欺诈的类型与方式呈均匀分布。表 3－1 列出四种欺诈类型和具体欺诈行为的分布状况。从欺诈的总体类型看，虚假披露、隐瞒披露和延迟披露均达到 1000 起以上，而违规交易也达到 825 起，分布总体较为均匀。从具体的欺诈方式看，虚假陈述的状况最多，其次是违规买卖高票，然而其他类型的欺诈除了虚列资产和擅自改变资金用途均超过 100 起，这表明我国上市公司欺诈的形式多种多样，并不存在某种突出的欺诈类型和形式，这就使难以将有限的监管资源集中于某种类型的欺诈方式，给监管造成了相

当大的困难，这也成为我国上市公司欺诈屡禁不止，甚至愈演愈烈的原因之一。

（2）上市公司欺诈案例总体呈递增的变化，且有加速发展的趋势。图 3－2 和表 3－2 列出我国上市公司欺诈总的案件数和四大类欺诈类型数量每一年的分布状况。从图表所反映的状况看，我国资本市场在刚进入 21 世纪时，进入一个欺诈事件高峰期，2000 年仅发生欺诈案例 28 起，而进入 2001—2004 年每年均在 100 起以上，进入 2005 年又再次降低为 100 起以下，2005—2008 年未体现明显增长。可能与 2005—2007 年的牛市有关。根据 Povel 等（2007）的研究，经济周期影响市场主体对上市公司的监管密度。在经济处于顺周期时，投资者监管会放松对上市公司的监管，即使发现公司有问题，但认为在顺周期下只是暂时的，公司终将走入正常发展的轨道。因此，在经济周期较好的时候，上市公司欺诈事件被揭露的概率较低。从 2009 年起每年上市公司发生的欺诈事件开始快速增加，2011 年已超过 200 起，2012 年超过 400 起，到 2015 年超过 500 起，2015 年年末我国 A 股市场大约有上市公司 2700 多家，平均每 6 家公司就有一家发生欺诈事件。

（3）同一起案件往往多种欺诈方式并存。从表 3－1 总计一栏可以看出，三种主要的欺诈类型总计 4837 起，具体欺诈行为总计 4031 起，都远远超过 3616 起，这是因为在大量的案例中上市公司并非只发生了一种欺诈行为，而是同时实施了多种欺诈行为。在有些案例中，不同的欺诈行为间互为关联。比如上市公司本身已经发生了违规交易、占用公司资产、擅自改变资金用途等情况，由于自知已经构成欺诈，因此在信息披露时选择延迟披露或者隐瞒披露；而在有些案例中几种欺诈行为之间干脆没有关联，例如既在财务报表的披露中作假，又同时进行违规交易或其他欺诈行为等。这表明我国上市公司不仅参与欺诈的公司众多，而且有相当多的个体欺诈程度非常严重。

（4）同一家公司往往反复欺诈。经过统计，所有欺诈案件总共涉及 1504 家上市公司①。而发生欺诈事件超过 1 起的上市公司有 838 家，超过一半的上市公司都存在“一犯再犯”的状况。表 3 -3列出发生欺诈总数前三十名的上市公司。排名第一的 600656 正是博元投资，该公司从 2011 年借壳上市起，直至 2015 年退市，除 2012 年外，每年均被曝光有欺诈行径，且 2011 年、2015 年内多次因欺诈受到处罚。具体欺诈行为涉及违规买卖股票、内幕交易、违规担保、虚构利润、虚假陈述、延迟披露、隐瞒披露，囊括几乎所有欺诈类别（见表 3 -4）。博元投资的前身为华源制药，从 2006—2011 年也几乎年年发生欺诈事件。博元投资和华源制药总共发生欺诈事件 14 起。而其他前 30 位的上市公司的欺诈总数也均在 8 起以上。

表 3 -3　　发生欺诈事件总数前 30 名的上市公司

上市公司代码	欺诈总数	上市公司代码	欺诈总数	上市公司代码	欺诈总数
600656	14	002145	11	002072	9
000594	14	300372	11	002211	9
600671	14	600599	11	002263	9
600696	14	000408	10	002306	9
000007	13	000509	10	002647	9
000403	12	000592	10	600146	9
000566	12	000656	10	600319	9
600234	12	200041	10	000526	8
000691	11	600247	10	000683	8
000958	11	600800	10	000693	8

① 按照公司代码统计，未考虑借壳上市前后为不同公司的情况，因此，实际涉及的公司数量比 1544 更多。

表 3-4　600656（博元投资、华源制药）历年欺诈事件处理公告发布状况

处理公告日期	处理单位	欺诈类型
2015-12-30	上海证券交易所	虚假记载，推迟披露
2015-10-14	上海证券交易所	隐瞒披露，违规买卖股票
2015-05-12	广东监管局	违规买卖股票
2014-10-21	中国证监会	内幕交易
2013-03-26	上海监管局，广东证监局	虚构利润，虚假记载，推迟披露，隐瞒披露，违规担保
2011-05-17	中国证监会	虚假记载，推迟披露，违规担保
2011-09-24	上海证券交易所	违规买卖股票
2011-07-21	广东证监局	虚假记载，隐瞒披露
2010-09-17	上海证券交易所	虚假披露
2010-04-16	上海证券交易所	推迟披露
2010-04-09	广东证监局	推迟披露
2009-07-28	上海证券交易所	虚假记载，推迟披露，隐瞒披露，违规担保
2007-01-31	财政部	虚构利润，虚假记载
2006-06-02	上海证券交易所	虚构利润，虚假记载，隐瞒披露，占用公司资产

（5）对个人的惩罚力度较轻。目前对上市公司欺诈的惩罚措施除了没收非法所得收入外，主要包括警告、谴责、责令整改、通报批评、罚款等方式。其中通报批评主要针对个人，警告、谴责、责令整改主要针对上市公司，罚款既可以针对个人也可以针对上市公司，个人由于欺诈承担刑事处罚的案例极少。经过对样本的浏览，本书发现欺诈行为人承担的成本存在两个“不对称性”：①行为人由于欺诈而承担的成本与给投资者造成的损失不对称。当前监管部门除了对违规交易的个人罚款数额较高外，对信息披露过程中欺诈的责任人的罚款绝大多数未超过百万。信息披露欺诈占上市公

司欺诈总体的绝大多数，由此带来的公司市值变动往往以亿为单位，因此虽然投资者发生的损失难以精确的估计，但可以预计的是行为人的罚款与投资人的总体损失相比可以说微不足道。②由于欺诈的成本大部分被上市公司承担，欺诈主体个人的收益与成本不对称。一般如果欺诈不被发现，欺诈行为人往往可以借助上市公司获得巨大收益，如果欺诈事件被发现，欺诈的成本却主要由上市公司承担，这种欺诈收益与成本的不对称性，类似于大股东现金流与控制权的不对称性，拥有控股权的大股东通过掏空上市公司获得巨额收益，而对上市公司造成的损失大股东只需依据持股比例承担。欺诈行为必然是以“人”的意志主导并实施的，上市公司只是实施欺诈行为的载体。个人收益与成本的不对称性造成的后果是对行为人无法形成足够的震慑。这也很可能是大量上市公司“一犯再犯”的主要原因之一。

3.5　上市公司治理与公司欺诈的理论分析

关于公司治理与公司欺诈关系的理论分析最早可以追溯至冰山理论。该理论认为欺诈行为就像是一座冰山，造成欺诈行为的因素既有海平面上人人都可以看到的因素，主要指公司内部组织结构的问题，但同时又有埋藏在海平面以下人们看不到的因素，主要是人的情感、态度、价值观念等因素，而往往海平面下的因素比上面的因素更为关键，是主导欺诈行为的关键因素。当然，冰山理论实际上可以解释很多行为，并不只针对欺诈行为。在冰山理论之后，舞弊三因子理论则专门用于解释欺诈行为。三因子理论又称三角理论，该理论认为导致舞弊行为的主要有三个因素：机会、压力和借口。机会是指公司内部控制或治理机制存在漏洞而给予欺诈行为机会，压力是指行为人会受到来自财务及社会各个方面给予的压力，借口指欺诈的理由或者说是个人的道德价值取向等因素。三种因素中只要有一种因素的作用非常强烈，就会导致舞弊行为。因此防范舞弊行为不仅仅在于优化公司内部治理结构，消灭“机会”的因素，而且要更加重视“压力”和“借口”的作用。在冰山理论和三角理论的基础上，Bologna 等（1993，1995）专门针对公司欺诈行为先后提出 GONE 理论和舞弊因子理论。GONE 理论将公司欺诈的因素概括为 G（Greed，贪婪），O（Opptunity，机会），N（Need,需要）和 E（Exposure，暴露）四个因素，是三因素理论的发展。贪婪和需要是个人因素，机会和暴露则主要与公司治理结构有关，四种因素共同导致公司欺诈的出现。舞弊风险因子理论将公司欺诈的发生归纳为个别风险因子和一般风险因子的共同作用，个别风险因子是不受监管制度控制的因子，比如道德品质等；一般风险因子是可控的，比如欺诈行为被曝光的概率，欺诈实施者被惩罚的力度等。这些理论可以统称为公司欺诈的多因素理论，对于后续研究具有重要的借鉴价值，是上个世纪有关公司欺诈的主流理论。但研究结论过于笼统化、抽象化，难以具体指导监管实践。这也导致公司欺诈理论研究长时间没有太大的进展。

在多因子理论占据学界主流的年代，Stein（1989）和 Fisher 和 Verrecchia（2000）已经开始尝试用数学模型解释公司欺诈行为，但没有受到理论界太大的重视。在安然事件爆发之后，随着学界开始大量的关注上市公司欺诈问题，学者们开始注意到上述研究的理论价值。Goldman 和 Slezak（2006）和 Peng 和 Röell（2014）以前述研究为基础，将业绩薪酬作为分析框架的核心机制，建立了较为完整的公司欺诈理论分析的模型，成为当前上市公司欺诈理论分析的主流。

Stein（1989）的贡献在于将信号干扰模型应用于公司欺诈的分析。信号干扰模型的基本思路是投资者以公司的现金流为依据对股票估值，于是经理人能通过干扰现金流这一“信号”影响投资人的预期从而影响股价。通常状况下投资人会对经理人跨期安排现金流的行为有一定的预期，进而在股价中反应。但是在某些状况出现时，比如公司面对反收购压力，或者部分投资者对经理提出股票套现的要求，经理人将产生提高股价的意愿，而这一状况并不能被所有理性投资者所获悉，最终导致经理人的短视行为，股价的信息含量降低。该研究虽然未考虑经理人的个人效用，但提出的投资者与经理人之间的信息不对称，股东对经理人的理性预期等理论对后续研究具有重要的启示作用。类似的，Fisher 和 Verrecchia（2000）就明确提出，放松完全有效市场的假设将降低经理人所披露信息的股价信息含量。因为在任何时候，市场对经理人的信息都是不完全的，比如经理人的任期，经理人披露不实信息将付出的成本，经理人对风险的厌恶程度，经理人对声誉的担心程度，等等，总之，市场无法总是准确的知道经理人披露信息的动机。

Goldman 和 Slezak（2006）在上述研究的基础上，一方面将经理人的效用函数纳入模型，另一方面更加明确了不完全信息环境的假设。此外，通过多期的模型设定，明确欺诈是经理人综合短期和长期收益考虑的均衡结果。而 Peng 和 Röell（2014）则在 Goldman 和 Slezak（2006）又加入了投资者理性预期的假设，这样模型均衡的结果是：经理人的欺诈行为实际上有部分是在投资者预期之内的，并且被投资者“用脚投票”的行为所消化，而真正会导致股价异常波动等严重后果的实际上那些投资者预期之外的欺诈行为。

准确地说，Stein（1989）和当时分析的对象是“短视（Myopia）”行为，Fisher 和 Verrecchia（2000）分析的对象是报告偏差（Reporting Bias），而 Goldman 和 Slezak（2006）、Peng 和 Röell（2014）则正式将信号干扰模型的思想应用于以利润操纵为代表的公司欺诈行为。此外，还需值得一提的是，以上研究对欺诈行为人的效用分析都基于 Becker（1968）的理性犯罪经济学。Becker（1968）指出，犯罪是行为人事前对犯罪行为的收益和成本综合考量的结果，只有收益超过成本时，行为人才会实施犯罪。这一理论实际上极其适合于分析公司欺诈行为。不同于其他犯罪行为，大部分公司欺诈实际上并不是行为人冲动下的产物，而是理性思考的结果，只有以理性行为人为基础假设，欺诈行为人的效用函数才有意义，也才能得到模型的均衡结果。在分析某些因素改变对模型均衡的影响时，影响行为人预期收益和预期成本则是模型的基本出发点，也是导致均衡状态改变的根本原因。综上所述，理论分析的基础假设分别是：不完全的信息环境、行为人效用函数、信号干扰的机制、投资者对上市公司欺诈的理性预期等。本书接下来主要借鉴 Goldman 和 Slezak（2006）和 Peng 和 Röell（2014）的思想，对上市公司治理与公司欺诈之间的关系作一个简要的理论分析。

模型共分为 3 期。在模型的第 1 期，经理人和所有股东签订一份绩效薪酬合约，绩效评判的标准是上市公司的股价，薪酬将分别依据第 2 期和第 3 期的股价分期发放。2 期的股价被视为由公司的短期表现决定的，由于经理人的欺诈行为，2 期的股价可能存在错误定价，而此时经理人是否欺诈或者说欺诈的程度并不能被观察到，3 期的股价依据公司的真实价值而决定，不能被经理人所影响。股东的目标是获得 3 期公司价值的最大化，而经理人的目标是追求 2 期和 3 期总薪酬的最大化。通过投资人和经理人的选择，模型的求解问题是如何确定期初与薪酬合约相关的参数，主要是经理人的股价薪酬弹性（依据怎样的比例给予经理人短期激励）。

假设经理人的效用为科布道格拉斯形式，且为相对风险厌恶不变的（CRRA，Constant Relative Risk Aversion）的函数形式，$1-\varphi$ 为他的风险厌恶系数，效用函数的具体形式为：

$$U = 1/\varphi\left[(L - C_E E - C_M M^{1/\beta})^{\psi} W\right]^{\varphi},$$

L 为经理人拥有的时间禀赋，W 表示他的财富，E 表示经理人用于努力工作的程度，M 表示经理人进行欺诈的程度。C_E 和 C_M 分别表示经理人用于实际努力工作和欺诈投入的程度，C_E 和 C_M 则分别代表了这两种状态的时间成本，假设 C_E 是一个常数，即所有经理人都是一样的，而 C_M 因人而异，它由经理人个人道德观等各种因素而决定，并且无法被投资者准确观测到，假设其服从于一个对数正态分布：$LnC_M \sim N(\overline{c_m}, \Omega)$，分布的标准差衡量市场对经理人预期的不确定性，是进行定价的依据，经理人欺诈的不确定性越大，Ω 越大。经理人的效用实际上由两部分构成，一部分是闲暇 $L - C_E E - C_M M^{1/\beta}$，另一部分则来自他获得的财富 W。ψ 衡量了经理人效用对闲暇对效用的弹性系数。

公司的真正价值由经理人实际努力的程度决定，$V = EX$，X 表示公司规模。假设 V_2，V_3 分别表示公司2期和3期的真实价值，$V_2 = V\varepsilon_2$，$V_3 = V_2\varepsilon_3$，ε_2 和 ε_3 表示当期的随机冲击，服从一个指数分布，$Ln\varepsilon_t \equiv \xi_t \sim N(-\frac{1}{2}\sum_t, \sum_t)$，假设投资人如果对经理人的欺诈行为 M 完全不知情，那么在2期 $S = MV_2$，S 表示公司的股价。

假设绩效薪酬的合约，也是经理人最终获得的财富为：$W = \omega P_2^{\mu} v_3^{\eta}$，经理人最终的财富由两部分构成，既包括由2期股价 P_2 而决定的短期回报，也包括由公司最终真正的价值 V_3 决定的长期回报，经理人选择多少禀赋用于真正的努力工作和用于欺诈也就随着公司短期股价和长期股价（最终价值）在合约中所占比重 μ 和 η 而变化。模型均衡的求解即为股东如何选择 μ 和 η 来决定薪酬契约的问题。

经理人面对的问题为：

$$max1/\varphi \left[(L - C_E E - C_M M^{1/\beta})^{\psi} W \right]^{\varphi}$$

其中 $W = \omega P_2^{\mu} v_3^{\eta} = \omega \pi^{\mu} X^{\mu+\eta} M^{\gamma\mu+\eta} \varepsilon_2^{\ \gamma\mu+\eta} \varepsilon_3^{\eta}$。

在期初合约签订后，即 μ, η 和 ω 确定后，E 和 M 的选择为：

$$E = \frac{L}{C_E} \frac{\gamma\mu + \eta}{\psi + \gamma\mu + \eta + \beta\gamma\mu} \tag{3-1}$$

$$M = \left(\frac{L}{C_M}\frac{\beta\gamma\mu}{\psi + \gamma\mu + \eta + \beta\gamma\mu}\right)^{\beta} \tag{3-2}$$

而实际上市场对经理人的欺诈行为有一定的预期，最终2期给出的定价是 $P_2 = E[V_2 \mid S] = \pi x^{1-\Upsilon} - S^{\Upsilon}$，$\Upsilon$ 和 π 代表了投资人对经理人的信任程度。其中 $\Upsilon = \dfrac{\Sigma_2}{\beta^2\Omega + \Sigma_2}$，是2期时投资者对于经理人的信赖程度，取决于经理人欺诈程度分布的标准差 Ω。因此 Ω 越大，表明不确定性越高。因此投资者对经理人的信赖度越差，其他条件不变的情况下，股价越低。Σ_2 代表了所有投资人依据当期的随机冲击对公司的定价

$$\pi = \left(\frac{L}{C_E}\frac{\gamma\mu + \eta}{\psi + \gamma\mu + \eta + \beta\gamma\mu}\right)^{1-\gamma}\left(\frac{L}{\overline{C_M}}\frac{\beta\gamma\mu}{\psi + \gamma\mu + \eta + \beta\gamma\mu}\right)^{-\beta\gamma} = E^{1-\gamma}\,\overline{M}^{-\gamma},$$

其中 $\overline{M} = \left(\dfrac{L}{\overline{C_M}}\dfrac{\beta\gamma\mu}{\psi + \gamma\mu + \eta + \beta\gamma\mu}\right)^{-\beta}$

$\overline{C_M}$ 是指由于投资者无法观测到经理人具体的欺诈程度，因此只能以分布的均值为预期纳入投资决策。在2期，市场可以观察到1期合同的签订状况，因此他们可以观测到经理人的努力程度，但由于操纵的成本因人而异，因此市场只能根据 C_M 的均值 $\overline{C_M}$ 来确定 M 的均值 $\overline{M}$，并以 $\overline{M}$ 为基础对公司进行定价。

公司股东的目标函数是3期公司的净值，公司的净值等同于最终股价反映的公司价值减去给予经理人的薪酬，即公司股东的最优化问题是如何确定薪酬契约的参数 (μ,η) 以最大化 $E[V_3 - W]$。

假设经理人有一个预期的保留财富，即所能接受的最低薪酬 $\overline{W}$，则公司股东通过最优化 $E[V_3 - \overline{W}]$ 确定合约参数 (μ,η)，一阶条件为：

μ 需满足：

$$\left(\frac{X}{\overline{W}}\right)\left(\frac{L}{C_E}\right) = \frac{[\psi + (1+\beta)\Upsilon\mu + \eta]^{1+\psi}}{\psi^{\psi}(\psi - \beta\eta)}$$

$$\left\{(1+\beta)\psi+[\psi+(1+\beta)\Upsilon\mu+\eta](\mu+\eta)(1-\varphi)\sum_2\right\}$$

$$\cdot\exp\left\{\frac{1-\varphi}{2}\left[(\Upsilon\mu^2+2\Upsilon\mu\eta+\eta^2)\sum_2+\eta^2\sum_3\right]\right\} \qquad (3-3)$$

η需满足：

$$(\frac{X}{W})\left(\frac{L}{C_E}\right)=\frac{[\psi+(1+\beta)\Upsilon\mu+\eta]^{1+\psi}}{\psi^{\psi}(\psi+\beta\Upsilon\mu)}$$

$$\left\{\psi+[\psi+(1+\beta)\Upsilon\mu+\eta](1-\varphi)\left[\Upsilon\mu\sum_2+\eta\left(\sum_2+\sum_3\right)\right]\right\}$$

$$\cdot\exp\left\{\frac{1-\varphi}{2}\left[(\Upsilon\mu^2+2\Upsilon\mu\eta+\eta^2)\sum_2+\eta^2\sum_3\right]\right\} \qquad (3-4)$$

综合公式（3－1）（3－2）和一阶条件（3－3）（3－4），均衡的结果表明：首先，$\partial\mu/\partial E>0$。最优的合约必须既包括对经理人的短期激励也包括长期激励。长期激励可以提高经理人为真正实现公司价值而努力的程度，从而更少的参与到短期股价的操纵中，即参与欺诈，但是长期激励的不确定性导致经理人必须承担每一期的随机冲击，让经理人承担一定的风险。因此必须提供一定的短期激励促使经理人努力工作；$\frac{\partial\mu}{\partial M}>0$，经理人为了抵消长期风险，可能采取欺诈行动，短期激励在提高经理人努力程度的同时，也会提高欺诈程度，是一把双刃剑（Double－edged sword）。因此，最优合同的制订对于股东来说是权衡长期激励与短期激励，以平衡经理人认真努力工作的程度和欺诈程度的结果。

其次，(μ,η) 给定后，$\frac{\partial E}{\partial\Omega}<0$ 且 $\frac{\partial M}{\partial\Omega}>0$，对于经理人欺诈程度的不确定性进一步降低了经理人努力工作的程度，而提高了欺诈的程度。由于市场以 $\overline{C_M}$ 的水平对公司进行定价，这样导致的结果是对于欺诈程度超过平均水平 $\overline{C_M}$ 的经理人而言，获得了超额的收益，提高了欺诈的程度，而对于低于该水平的经理人而言，由于无法使市场相信他的欺诈程度低于别人，因此只能选择降低努力工作的程度，因为即使努力工作，获得的薪酬由于 π 低于他应得的水平，因此只能选择降低努力工作的程度。这使经理人市场变的像一个“柠檬市场”，最终真正努力工作的经理人越来越少，而欺诈的经理人越来越多。市场对于经理人欺诈程度的预期具有重要的影响。

再次，模型的结果除了反映绩效薪酬的作用，还反映了一些其他公司治理因素与欺诈的关系。$\partial X/\partial E > 0$，公司规模 X 与努力程度 E 呈正相关关系。Peng 和 Röell（2014）认为公司规模越大，管理者才能就成为越稀缺的资源，因此经理人获得的回报就越高，经理人此时更加没有必要将太多的时间禀赋应用于操纵利润等欺诈行为上。上市公司规模越大，发生欺诈事件的可能性越低。模型还可以反映一些经理人个人特征与公司欺诈的关系：个人财富更少（$\overline{W}$ 越低），年龄更低（时间禀赋 L 更高），以及管理者才能更出众（C_E 更小）的经理人努力工作的程度更高，应当予以更强的激励。对于不确定性较高（Ω 较大）的经理人，一般可能是从业时间较短的经理人，由于市场对其过去的观察不足，因此可能会给予较低的定价，为了防止其欺诈，鼓励其积极工作，业绩薪酬弹性应当更高（$\partial\omega/\partial\Omega < 0$）。

总的来看，绩效薪酬的激励机制是现代上市公司欺诈理论分析的基础和核心机制，在具体的影响机制中，公司股东对公司长期价值和短期价值的权衡会影响经理人的行为，另外市场预期是经理人欺诈行为的重要影响因素，在股市的实际运行中，证券分析师往往是引导投资者预期的重要群体，对经理人欺诈程度的低估将导致经理人更大程度的欺诈，此外，公司规模、经理人的个人偏好等同样对模型的均衡结果同样具有不可忽视的影响。理论分析只能依据数理模型的均衡结果归纳出公司内外部治理因素与上市公司欺诈关系的一般性结论，接下来，本书将以实际观测到的大样本为基础，对公司内外部治理因素与上市公司欺诈之间的关系进行实证分析。

第4章 股权结构与上市公司欺诈

股份制公司是现代企业组织的主要形式，股权结构几乎是所有探讨公司治理问题需要首先关注的因素。具体而言，股权结构指由于股东持有不同性质、不同份额公司股份而形成的股权分布状况。其内涵可以从不同的维度进行理解：一是股权集中度，即股权的集中与分散程度；二是股权的性质，主要指公司是国有控股还是民营控股等；三是股权类型，主要指特殊股相对普通股的比例，特殊股包括优先股、可转换股、可赎回股等；四是股权层次，主要是公司的大股东相互之间存在控制与被控制或交叉持股等关系，从而使公司的控制结构比较复杂的情况。同英美等发达国家相比，我国上市公司体现出国有企业数量较多和股权集中度较高两个显著的特征，因此股权的国有性质与股权集中度是国内学界探讨股权结构与上市公司治理时主要考虑的两个方面。作为重要的公司治理变量，它与上市公司欺诈之间的关系应当是重点关注的问题。尽管国内已有不少研究成果，但囿于早期的研究方法，以及我国资本市场当时的发展状况已与现在相去甚远，股权结构与公司欺诈的关系实际上需要进行重新探讨。比如一些早期研究明确了我国国有性质的上市公司更容易发生欺诈（梁杰等，2004；刘立国和杜莹，2003），但随着股权分置改革完成，国有上市企业的治理水平得到有效改善（廖理等，2008），缓解了大股东和中小股东的利益冲突，这种改善是否在公司欺诈方面有所体现；再比如尽管已有研究发现，上市公司控股股东持股比例越高，公司发生欺诈事件的概率越低（陈关亭，2007；汪昌云和孙艳梅，2010）。但这些研究主要是选择单变量 Probit 或 Logit 等估计方法，忽略部分可观测问题，易造成研究结果的偏误。从监管者的角度来看，对欺诈实施的影响因素和欺诈曝光的影响因素的评价是截然相反的，那些有效减少公司欺诈的发生以及提高欺诈活动曝光的概率，应被视作积极因素；反之，则应被视作消极因素。传统研究的估计过程所暗含的假设是将所有观测到的欺诈活动等同于所有发生的欺诈活动，极有可能对公司欺诈的某些影响因素做出有偏的评价。此外，已有研究大部分选择所有者缺位理论解释股权性质、选择利益协同效应或侵占效应（壕沟效应）等解释股权集中度的公司治理效应，假如某种因素在欺诈的两过程中既体现积极效应又体现消极效应，这些理论便显捉襟见肘。

4.1　理论分析与研究假设

4.1.1　企业的国有性质与上市公司欺诈

国有企业的股东是全体社会公众，各级政府部门及事业单位或机关团体等作为实际控制人负责企业的经营。由于实际控制人不是剩余索取权的拥有者，因此更多的时候并不以企业盈利和发展为目标对公司的经营活动进行干预，而是主要以行政干预为主。因此，国有企业缺乏真正以资产保值增值为目标的控股股东，学界普遍称之为所有者缺位问题。有众多研究发现上市公司的国有性质会带来较差的公司绩效。（徐晓东和陈小悦，2003；白重恩等，2005；Xiaonian Xu 和 Yan Wang，1997）。基于相同的理论基础，梁杰等

(2004) 发现我国上市公司国家股比例与财务舞弊发生的可能性正相关。刘立国和杜莹 (2003) 发现上市公司的第一大股东为国资委时，公司发生财务舞弊的概率更高。

上述研究的结论主要基于股权分置改革前的样本得出，然而，股权分置改革的完成可能使实际情况发生彻底的转变。改革使国有股和法人股通过全流通实现了同股同权，同股同利，和普通股等同对待。由于国有企业本身就是股权分置改革的主体，因此国有企业在股改过程中公司治理水平得到更大的改善 (廖理等，2008)。股改完成具有重要的意义，它标志着我国股市进入更加规范化、市场化运行的新阶段，中国股市以及数量居多的国有上市公司在此之后受到更加广泛的关注，从而受到来自各类监管者、媒体以及中小投资者等更严格的外部监督。因此，股改不仅从内部有效地改善了国有企业的治理水平，而且由股改引发的市场环境的变化使国有企业受到更多的外部监管。在这一新的发展阶段下，政府对国有企业行政干预的力度大大减弱，改变了过去国有企业欺诈成本过低的状况 (梁杰等，2004)。因此，企业的国企性质对公司欺诈行为的影响也可能发生了方向性的转变。对于股改完成后的中国股市，本书基于以下三点理由，认为国有企业实施欺诈的概率应当更低：

首先，国有企业关系国家经济命脉，欺诈的后果不仅关乎公司自身，而且会给政府带来巨大的声誉损失，造成恶劣的社会影响。国有企业出于更多的考虑自身的形象和社会影响力，实施欺诈的倾向比非国有企业更低。其次，大部分欺诈活动，尤其是规模较大的欺诈活动需要公司各个部门的配合，是一种共谋行为 (Khanna 等，2015)。非国有企业的控股股东对公司经营一般有较强的控制力，欺诈活动往往由少数人就可以实现；而国有企业内部的人事结构更加庞大和复杂，决策权也相对分散，欺诈活动往往需要更多人员的共谋和配合，从而使欺诈行为不容易达成。再次，对欺诈预期收益与预期成本的权衡，是代理人是否会实施欺诈的重要决定因素

(Becker, 1968)。相比非国有企业，国有企业实施欺诈的个人收益更低，成本却更高。一方面，即使有些欺诈行为可以通过少数个体达成，但国有企业中个人享有的公司剩余索取权极其有限，因此欺诈的收益较低。另一方面，国有企业的职位包含一定的政治属性，一旦企业发生重大事故，行为人不仅需要承担经济成本，而且往往意味着个人政治生命的终结，欺诈成本相比非国有企业更高。这种收益成本的不对称性导致国有企业内部人实施欺诈的可能性更低。总之，相比非国有企业，国有企业实施欺诈的可能性更低。

关于欺诈事件的发现问题，从理性人的角度看，任何大股东作为公司利益相关者，当然不希望公司欺诈被曝光。然而，欺诈的实施是一个理性经济学问题，包庇欺诈的行为同样如此，需要对包庇行为的收益与成本进行全方位的综合考量。本书认为企业的国有性质对欺诈的曝光过程同时存在两方面的影响：一方面，实际持股人与高管的分离状况导致国有企业欺诈曝光的概率更高。非国有企业的高管如董事长等一般也是实际的控股股东，大量欺诈本身或是控股股东所为，或与控股股东关系密切，因此控股股东包庇“自己”欺诈的动机也就更加强烈，而国有企业的高管往往是出于行政任命，本身并不持股，控股股东往往是上一级的政府部门或者事业单位，如何对待已发生的欺诈活动是一个“上级如何对待下级”的问题，与非国有企业“自己”包庇“自己”截然不同，因此包庇欺诈的动机没有非国有企业强烈。此外，国有企业由于规模较大和自身的国有属性，受到较高的社会关注度，欺诈活动较容易被外部监管者发现，提高了包庇行为的难度；如果国有企业再被发现存在包庇欺诈的行为，构成“罪上加罪”，将受到媒体等外部监管更加强烈的舆论压力，因此国有企业更加不敢包庇自身的欺诈活动。

另一方面，也正是因为国有企业的欺诈事件影响巨大，出于对高额欺诈成本的担忧，企业在发现内部的活动后可能会选择尽力包庇，避免曝光。因此，本书对国企性质影响欺诈曝光的方向不做预期，据此本书提出以下假设：

H1：上市公司企业的国有性质与公司发生欺诈的概率显著负相关，与公司欺诈被发现的概率显著相关。

4.1.2 股权集中度与上市公司欺诈

已有研究关于股权集中度与公司治理的关系，主要基于两种理论展开：一种是利益趋同理论，认为公司的股权越集中，大股东与公司的利益更趋于一致，因此大股东会加强对公司管理层的监督，有效减少小股东的搭便车现象，降低代理成本，提高公司价值（Grossman 和 Hart，1980）；一种是侵占效应或壕沟效应理论，认为随着大股东对公司控制权的增加，会加剧大股东利用手中控制权掏空上市公司的行为，因而会降低公司价值（Shleifer 和 Vishney，1997）。股权集中度又可以被解构为两个部分：一是控股股东或第一大股东的持股比例对公司治理的影响；二是其他大股东持股的持股比例，又称为股权制衡度对公司治理的影响。

基于利益协同效应，Xiaonian Xu 和 Yan Wang（1997）最早发现中国上市公司控股股东的持股比例与公司绩效正相关，刘运国、高亚男（2007）也持相似的结论。刘立国和杜莹（2003）发现前五大股东持股比例与公司绩效呈倒“U”形关系。该研究认为这是由经理人竞争机制决定的。股权高度分散时，经理人是公司的实际掌控者，过于分散的股权无法推翻现任的经理人，为能力更强的经理人进入设置了障碍；股权高度集中时，大股东可以决定经理人的人选，经理人往往是控股股东利益的代表，而非公司整体利益的代表，经理人的更换同样存在障碍，因此，适度的股权集中度既可以保证控股股东经理人人选的影响力，又使控股股东没有绝对公司控制权，最有利于公司绩效。白重恩等（2005）认为第一大股东持股比例总体上与公司价值呈“U”形关系，即当第一大股东持股比例较低时，随着其控股权的增加，公司价值降低；当第一大股东持股比例较高时，随着控股权的增加，公司价值增加。这是由于当第一大股东持股比例较低时，更多的是表现出侵占效应，持股比例较高时，更趋于利益协同效应。陈德萍和陈永圣（2011）基于中小企业板块的证据得出相同的结论。徐丽萍等（2006）认为控股股东的持股比例对公司绩效更多的是正向的激励效应，而非侵占效应，因此表现出显著的正向关系，并且这种激励效应不论在国有企业还是民营企业、外资企业中都得到体现。此外，过高的股权制衡度对公司经营绩效有负面影响。

关于股权集中度和上市公司财务舞弊的关系。梁杰等（2004）认为股权高度集中为大股东追求自身利益，牺牲中小股东利益提供了便利，控股股东的持股比例应当与财务舞弊正相关，股权制衡度可以牵制控股股东的行为，应当与财务舞弊负相关，然而实证检验分别得出相反的结论，该研究认为可能是由于大股东之间存在如交叉持股或同属于同一集团的关联关系，导致实证结果无法与理论预期一致。陈关亭（2007）的实证结果发现第一大股东持股比例与财务欺诈的概率负相关，第一大股东出于维护公司声誉、形象和诚信度等考虑，而倾向更真实的反映财务状况。汪昌云等（2010）的研究发现中国上市公司的第一大股东持股比例与财务舞弊现象显著的负相关。持股比例较高的第一大股东可以有效地监督经理人的行为，而且降低了小股东搭便车的行为。第一大股东的持股比例越高，越有激励对经理层通过分散投资和低效率项目间接侵蚀公司财富和在职消费等行为进行监督，实际上也是利益协同效应的体现。其他与公司欺诈相关的研究有：简玉峰和刘长生（2013）基于2009—2011 年我国上市公司的样本发现，控股股东所持股份比重越高，盈余管理行为越严重。简建辉和黄平（2010）从公司过度投资水平的角度研究股权结构的公司治理效应。他们发现第一大股东持股比例总体上与过度投资水平显著正相关，而且呈“U”形关系，即当持股比例超过一定水平后，过度投资水平得到一定的遏制。

除了控股股东的持股比例外，有些学者从非控股股东，又称为股权制衡度的角度研究股权集中度与公司治理的关系。陈德萍和陈永圣（2011）指出股权制衡有助于改善公司治理，其他大股东对控股股东的制衡程度越高，公司价值越高。简玉峰和刘长生（2013）除控股股东以外的其他大股东持股比重与盈余管理有显著的负相关关系，股权制衡度的提高对盈余管理行为有积极的影响。但是目前国内并没有直接探讨股权制衡度与公司欺诈关系的研究。

从以上国内相关研究可以发现，大部分关于上市公司的股权结构与欺诈之间的关系并没有很清楚的结论。本书认为造成这一结果的原因是这些研究都把对公司欺诈研究建立于对公司绩效的“反推”机制之上，即当股权结构的某种特征从理论上对公司绩效有积极的影响时，应当会抑制上市公司发生欺诈的可能性，而对公司绩效有消极的影响时，会导致上市公司更容易发生欺诈。尽管一些研究明确了控股股东比例与公司欺诈有显著的负相关关系（陈关亭，2007；汪昌云，2010），但这些研究一是本书多次提及的，研究目标仅限定于财务舞弊行为，二是其分析的框架仍然没有脱离公司绩效与公司欺诈的关系。

本书就由股权结构与公司绩效的关系进而推衍对公司欺诈的影响这一分析框架提出一些不同的观点：

首先，公司绩效与公司欺诈绝对的相反作用不能完全等同，或者说利益侵占效应不完全等同于公司欺诈。虽然很多公司欺诈事件的背后体现出大股东对中小股东利益侵占的本质，然而利益侵占更多的时候会通过关联交易等其他诸多形式体现。这些行为从表面形式上看往往是合法合规的，大股东是在通过打“擦边球”的方式侵占中小股东利益，行为的恶劣程度与违法违规的欺诈行为不可相提并论，两者一旦被揭露给上市公司造成的成本完全不同。因此，在某些情况下，上市公司可能会表现出显著的利益侵占的倾向，但并没有显著的欺诈倾向。这种情况可能在股权的国有性质上有更突出的体现。已有研究普遍清晰的得出企业的国有性质导致公司绩效较差，但没有发现国有企业发生欺诈的可能性更高。国有企业的经营绩效可能确实差于非国有企业，但发生公司欺诈的概率也低于非国有企业。近十几年影响力最大的几起欺诈丑闻，如万福生科，绿大地，博元投资等均是民营企业也为这一推断提供一定的证据。

其次，大部分已有研究并未区分公司的长期绩效与短期绩效，实际上，绝大多数研究的研究目标都是短期绩效，选择当期或滞后一期的与公司绩效变量作为因变量。如果这些指标实际上是已经被公司欺诈活动“修饰”过的变量，而在研究进行的当时欺诈行为还未被揭露，显然会导致研究结果的偏误。总之，本章将避免直接从股权结构与公司绩效的关系推导与公司欺诈的关系，而从一些其他的角度重新解释股权结构与公司欺诈的关系。

大股东对于公司欺诈的影响实质上应取决于股东的投资者类型，具体而言，是大股东更倾向于追求公司的长期价值还是短期价值。由于追求目标的不同，不同的大股东对公司欺诈的影响存在差别。Peng 和 Röell（2014）提出，上市公司欺诈的本质是资源的期限错配：公司经理人将本应当用于公司长期价值增长的资源转移到公司短期股价的维护上，导致欺诈行为深刻影响了公司的长期价值。汪昌云等（2010）的研究也发现，我国上市公司在欺诈事件曝光后，下一年度的经营绩效会显著降低。欺诈的实施者在事前对于欺诈事件的曝光有一定的预期，追求短期价值的实施者预期可以在欺诈事件曝光之前在股价相对的高点减持，以获得较大的短期利益，有诸多研究表明公司内部人会在欺诈事件曝光前有显著的减持行为（Burns 和 Kedia，2008；Agrawal 和 Cooper，2008）。因此这些注重短期价值的投资者会提高公司实施欺诈的可能性，以在短期内迅速拉高公司股价。与之相反的是，长期投资者可能更加注重公司价值长期的稳定增长，因此会努力降低公司实施欺诈的可能性，避免欺诈活动损害公司的长期价值。在我国资本市场，控股股东和非控股大股东正是这两类不同的投资者。不论是国有公司的控股股东中央及各地方政府机构，还是私有企业控股股东公司的创始人等，都是典型的长期价值投资者，更加注重公司成长，收益主要依赖于股票分红。而除控股股东以外的其他大股东一般是各类公募基金、私募基金等机构投资者以及自然投资人等。这些投资者虽然不像典型的市场投机者，进行频繁的短线投机交易，股票的买入和卖出仅相隔几天或几周，但大部追求的也是年度级别的股价收益率，注重短期内股权的增值收益而非分红或股权的长期增长。与控股股东相比，更倾向于短期投资者。以各公募基金为例，基金持股组合的年度收益率直接决定基金内部人员的年度奖金以及基金在各类排行榜的排名，因此基金往往会在股价年内的相对高点进行减持。再如我国近年发生大量举牌增持上市公司的案例，而事后发现这些举牌持有上市公司的大股东往往在股价产生较大收益后退出（如宝能系 2012 年举牌深振业 A 等）。因此，这些大股东一般以年度或季度为交易频率，根据股价的收益率进行增减持，甚至干脆更换投资标的，与控股股东相比，他们是更加注重公司短期价值的投资者。由于持股期限较短，这些投资者可能会在持股期间利用手中的投票权影响公司的决策，通过欺诈手段尽可能使公司股价在短期内快速上涨而罔顾公司的长期稳定发展。据此，本书提出以下两个假设：

H2：公司第一大股东持有股份比例与公司实施欺诈的概率显著负相关。

H3：公司非控股大股东（第二至第十大股东）持有股份比例与公司实施欺诈的概率显著正相关。

另一方面，白重恩等（2005）发现第一大股东持股比例与公司价值呈“U”形关系，简建辉和黄平（2010）发现第一大股东持股比例与过度投资水平呈倒“U”形关系，表明控股股东的公司治理效应可能因控股权大小而有所差异。据此本书推测控股股东比例与公司欺诈也可能存在倒“U”形关系。当控股股东持股比例较低时，其控股股东的“角色”已经减弱，与其他持股比例相差不大的非控股股东实质上没有区别，可能表现出行为的一致性，体现出短期投资者的特征。以梅雁吉祥为例，近几年其控股股东比例一直较小，维持在 10% 以下，控股股东的更换也较为频繁，而该公司 2014 年、2015 年被连续曝光存在信息披露欺诈的状况。总之，本书认为只有在控股股东的持股比例达到一个较高水平的时候，长期投资者的特征更加明显。据此本书针对假设 2 提出两个衍生假设：

H3a：当公司第一大股东持有股份比例较低时，与公司实施欺诈的概率正向关。

H3b：当公司第一大股东持有股份比例较高时，与公司实施欺诈的概率负相关。

关于欺诈事件的曝光过程，本书认为上市公司欺诈事件的曝光一般会引起公司股价的下跌，造成股东利益受损，这种损失对于控股股东和非控股大股东并无差别，因此，在大股东观测到公司内部已经存在欺诈活动的前提下，不论是控股股东还是非控股大股东都会尽量去避免欺诈事件的曝光。这种利益上的一致性可能导致大股东达成共谋行为。同时，本书认为包庇作用的强度与持股比例正相关：首先，在内部欺诈活动已经发生的前提下，包庇的成本已经是既定的，比如为了包庇所需要调用的金钱、人脉等资源以及有可能承受的惩罚等，那么对于持股比例越高的大股东，包庇行为所带来的净收益就越大，动机也就越强烈；其次，持股比例越高的大股东不仅意味着对公司具有更强的控制力，使欺诈信息不易从公司内部流出，同时意味着大股东拥有更多的财富与社会资源，即使公司欺诈被外部人获悉，持股比例越高的大股东更有可能控制欺诈信息不被公开曝光。据此，本书提出的待检验假设为：

H4：公司前十大股东持股比例与公司欺诈事件的曝光概率显著正相关。

4.2 研究设计

4.2.1 部分可观测问题与 Bivariate Probit 估计

部分可观测问题是金融监管类研究中普遍存在的一个问题。具体到公司欺诈的研究，是指本书能观测到的样本是实施了并且被发现的欺诈活动，实际上有的欺诈事件虽然已经实施但并未被发现，这就导致无法将所有实际发生的欺诈事件纳入研究样本，因此会对实证研究的结果造成偏误。学界普遍将这种由于无法对研究目标进行全部观测给研究带来的困难称为部分可观测问题。传统研究使用单一的 probit 估计，暗中将发现的欺诈事件和所有实施的欺诈事件等同，实际上低估了欺诈的影响，导致实证结果有较大偏误。大部分传统研究将研究目标表述为“企业发生欺诈”等，并不对欺诈的发生和发现进行刻意的区分，忽略了一个欺诈案例最终能被观测到，实际上包含了企业内部发生了欺诈活动和欺诈活动最终被监管方发现两个过程。

部分可观测问题目前是一个难以彻底解决的难题，学界现阶段主要有三种方法用以降低该问题给研究带来的困扰：第一种方法是样本筛除法。主要是将研究样本锁定在规模较大的上市公司。这种方法一方面可以有助于剔除无理诉讼[①]的样本，避免将没有达到欺

---

① 无理诉讼，来源于英语中“frivolous lawsuit”一词，指有些公司诉讼是原告出于个人私利的诬告或所涉及问题微不足道的诉讼案件。被雇佣的律师同样出于私利动机，可能会导致这个问题更加严重。

诈程度的样本纳入观测范围，另一方面，因为规模较大的公司受到更高的市场关注度和审查强度，律师、媒体、分析师等市场主体有更强烈的动机揭露这些公司的欺诈活动，其实际实施的欺诈活动和被发现的欺诈活动的相关系数可以认为接近于1。Dyck等（2010）在研究上市公司欺诈的监管问题时，认为大公司的部分可观测问题程度非常低，因此将样本限定在资产规模超过7.5亿美元以上的公司，后续大量实证研究在选取样本时均参照这一做法做法（Khanna等，2015；Hass等，2015）。第二种方法是Dyck（2010）在估计上市公司欺诈的成本时创造的条件概率替代法。研究将欺诈活动被发现的概率视为欺诈的执行概率与条件概率的乘积的结果，然而公司在执行欺诈活动后被发现的条件概率是不可知的。2002年安达信会计事务所倒闭后，有大量的上市公司更换了外部审计师，这一背景正好为条件概率的观测提供了契机。由于新到任的外部审计师不愿承担之前由安达信隐瞒的欺诈活动所带来的法律风险，一般会对公司的过往状况进行重新审计，大量被安达信刻意隐瞒的欺诈活动得以暴露，从而排除了部分可观测问题。随后，该研究通过构建一些指标，将安达信提供审计服务的公司与全样本进行比较，证明两者之间并无显著性的差异，于是，该研究使用安达信欺诈事件发现的条件概率替代整个系统的条件概率，进而推导出全部上市公司欺诈活动的后果。这一开创性的方法，为欺诈活动的社会成本估计提供了相当有价值的借鉴，值得更为广泛的关注。当然，这一方法本质上是一种自然实验法，其核心条件同时也是弊端在于过度依赖“安达信”的倒闭事件及同质性假设，并不是所有国家都存在这样的实验场，如何推广应用这种方法还需更进一步的研究。

第三种方法即为本书使用的Bivariate Probit估计。Poirier（1980）最早针对部分可观测问题提出Bivariate - Probit法，Feinstein（1990）提出原理相类似的控制侦测法（Detection controlled estimation，DCE）。两种方法估计原理相近，只是估计结构略有差异。Wang 等（2010）将 Poirier（1980）的方法应用到公司欺诈的研究中。Li（2010）运用 Feinstein（1990）的方法模拟欺诈实施到被检测的过程，并证明忽略部分可观测问题对于欺诈活动的估计产生巨大的偏差。自此之后，Bivariate Probit 估计成为研究金融监管等问题普遍使用的一种实证方法。近些年来，国内也有一些学者开始将该方法引入对公司违规行为的研究中（陆瑶等，2012；万良勇等，2014）。Bivariate Probit 估计的基本思想是将研究目标分解为两个阶段，所有能观测到的欺诈案例是发生欺诈与发现欺诈两个过程共同作用的结果。而两个过程也并非完全相互独立：一方面，两个过程有各自不同的作用机制和影响因素，另一方面两个过程又可能相互影响，有些因素可能同时影响两个过程，导致欺诈的发生和发现是互相依赖的两个阶段。部分公司内部因素会导致实施欺诈的倾向升高或降低，而一些外部因素由于影响欺诈被发现的概率，同样会被欺诈的实施者考虑在内，因而也变相影响了公司欺诈的倾向。同样的道理，有些提高公司欺诈倾向的内部因素由于可以被监管者所观察到，因而也影响了欺诈被发现的概率。

（1）模型设定

假定 F_i 表示欺诈事件的发生，当 $F_i=1$，表示公司 i 实施了欺诈行动，否则 $F_i=0$；D_i 表示欺诈事件在实施后是否被发现，如果被发现则 $D_i=1$，否则 $D_i=0$。令：

$$F_i = x_{F,i}\beta_F + u_i$$

$$D_i = x_{D,i}\beta_D + v_i$$

u_i, v_i 分别为各自估计方程的残差，并服从正态分布，如果两个过程互相影响，则相关系数 $\rho \neq 0$。

令 $Z_i = F_i \times D_i$，表示当 F_i 和 D_i 同时发生时的状况，现实情境中只能观测到 $Z_i=1$，即公司实施了欺诈行动并且被发现的状况，或者是 $Z_i=0$，此时公司或是未实施欺诈，或公司实施了欺诈未被发现，定义 Φ 为标准化的二维正态分布的累积分布函数，则两种情况各自发生概率的表达式为：

$P(Z_i = 1) = P(F_iD_i = 1) = P(F_i = 1, D_i = 1) = \Phi(x_{F,i}\beta_F, x_{D,i}\beta_D, \rho)$

$P(Z_i = 0) = P(F_iD_i = 0) = P(F_i = 0, D_i = 0) + P(F_i = 1, D_i = 0) = 1 - \Phi(x_{F,i}\beta_F, x_{D,i}\beta_D, \rho)$

整个估计过程的对数似然函数为：

$$L(\beta_F, \beta_D, \rho) = \sum_{Z_i=1} \log[P(Z_i = 1)] + \sum_{Z_i=0} \log[P(Z_i = 0)]$$

$$= \sum_{i=1}^{N} \{Z_i \log[\Phi(x_{F,i}\beta_F, x_{D,i}\beta_D, \rho) + (1 - Z_i)\log[1 - \Phi(x_{F,i}\beta_F, x_{D,i}\beta_D, \rho)]\}$$

通过对该函数进行最大似然化进行模型的参数估计。

（2）参数的设定

由于两个过程互相不独立，因此事件 Z 发生的概率 $P(Z) = P(F) \times P(D/F)$，而非 $P(F) \times P(D)$，公司实施欺诈的概率 $P(F)$ 与实施欺诈后被发现的条件概率 $P(D/F)$ 成为关注的目标。为了能单独识别两个过程，要求 $x_{F,i}$ 和 $x_{D,i}$ 所包含的变量不能完全一致。$x_{F,i}$ 和 $x_{D,i}$ 中包含的影响因素被分为三类：

①不太容易引起监管者注意的特征被视为单独影响公司实施欺诈的因素，只放入对 $P(F)$ 的估计方程中。比如本章主要关注的考察变量管理层激励以及一些具体的公司财务特征。

②将与发现欺诈过程相关的因素分为欺诈的事前因素和事后因素两类，有很多事后因素已经不能被欺诈的实施者控制，且很难做出事前的预期，同时又可以被监管者观测到，这些事后因素被单独放入欺诈活动的发现过程中，只放入对 $P(D/F)$ 的估计方程中。

③一些因素，尤其是发生欺诈的事前因素，既可以被欺诈活动的实施者影响，同时也较容易引起监管者的注意，被同时放入欺诈活动的发生和发现两个过程中。比如公司规模和公司的并购活动。

规模较大的公司和近期参与了并购活动的公司可能会较容易引起监管者的注意，同时公司欺诈的实施者也明白这个道理，因而在欺诈事前会将欺诈活动被发现的预期概率提高，欺诈的预期成本也就更高，并将这一状况纳入对是否实施欺诈活动的决策的权衡之中，因而影响了公司实施欺诈的倾向。

4.2.2 变量与模型设定

（1）变量设定

由于采用的变量较多，估计结构较为复杂，为使模型收敛，模型未控制公司个体的固定效应和时间固定效应，但控制变量已经控制了部分固定效应。变量的具体设定为：

①被解释变量 $Z_{i,t}$ 。当上市公司 i 在 t 年被证监会、上交所或深交所等监管机构发布公告，发现其有欺诈活动时，$Z_{i,t}=1$ ，否则 $Z_{i,t}=0$ 。

②解释变量。解释变量主要有两类，一是虚拟变量 $State_{i,t}$ ，表征企业的国有性质，本书依据国泰安数据库对上市公司控股股东性质的分类，当公司控股股东为国有企业、集体所有制企业、行政机关、事业单位、中央机构、地方机构、社会团体时解释变量为1，否则为0。二是与股权集中度相关的变量Top1、Top9和Top10等，表示控股股东（第一大股东）的持股比例、非控股大股东（第二至第九大股东）持股比例之和以及前十大股东持股比例之和等。

③控制变量。按照上文所述，将控制变量分为三类：单独影响公司实施欺诈的因素、单独影响欺诈事件发现过程的因素及同时影响两个过程的因素。

单独影响公司实施欺诈的因素：首先，Li Minwen 等（2015）发现中国上市公司中，发生欺诈的公司比不发生欺诈的公司负债率更高，因此本书控制了公司的杠杆比率；其次，借鉴 Wang（2013）等的研究，营利能力较好的公司不易发生欺诈，因此本书控制了公司的营利能力，以资产收益率 ROA（Return of Asset）表征；再次，借鉴蔡志岳和吴世农（2007）的研究，本书控制是否两职合一的状况，即公司的 CEO 是否由董事长兼任；最后，现金流充裕的公司可能更不容易实施欺诈，因此本书控制了公司的现金状况，以现金资产比表征。

单独影响公司欺诈活动被发现的因素。该类因素往往是欺诈实施的事后因素，因此无法被欺诈的实施者纳入预期。本书考虑了三个指标：首先，Jones 和 Weingram（1996）提出股票的剧烈波动往往表明公司涉足法律风险，因此本书首先控制了股价的波动率；其次，Burns 和 Kedia（2008）以及 Agrawal 和 Cooper（2015）均发现股价大幅下跌往往是由于内部知情人提前抛售股票引起，而这一状况容易引起市场和监管者的注意，并由此导致欺诈事件的曝光，因此本书控制了公司股价是否发生大幅下跌的情况；最后，根据 Wang（2013）的研究，ROA 的实际表现与估计值的差异（超额资产收益率，Abnormal ROA）过大较容易引起监管者的注意，常会导致欺诈事件的曝光，因此本书控制了超额资产收益率（见表4－1）。

表 4－1　　　　变量定义表

变量名称	变量符号	变量度量方法
因变量		
欺诈事件变量	Z	公司当年被发现有欺诈事件为 1，否则为 0
解释变量		
控股股东持股占比	Top1	公司第一大股东持股占总股本的比例
前十大股东持股占比	Top10	公司前十大股东持股总和占总股本的比例
九大股东持股占比	Top9	公司第二至第十大股东总和占总股本的比例
控制变量		
资产报酬率	ROA	息税前利润与总资产比值
公司杠杆	Leverage	总负债与总资产比值
董事会规模	Boardsize	董事会总人数并取对数
公司规模	Size	公司资产总额并取对数

续表

变量名称	变量符号	变量度量方法
托宾 q 比率	Tobin'q	公司市值与资产重置成本之比
国企性质	State	控股股东为国有性质取 1，否则为 0
现金资产	Cash	现金及现金等价物总和与总资产比值
两职合一	Duality	公司 CEO 与董事长为同一人取 1，否则为 0
并购事件	M&A	公司当年和前一年有宣告并购事件为 1，否则为 0
超额资产收益率	Ab. ROA	$ROA_{i,t} = \beta_0 + \beta_1 ROA_{i,t} + \beta_2 ROA_{i,t} + \varepsilon_{i,t}$ 的残差 $\varepsilon_{i,t}$
股价波动率	Volatility	公司月度收益率的波动率
股价暴跌事件	Decline	公司股价收益率在当年所有 A 股股票 10% 分位数以下取 1，否则为 0

同时影响两个过程的因素：一是“公司规模”。较大的公司往往治理结构较为完善，发生欺诈的概率较低。从欺诈的发现过程看，大公司往往受到媒体和其他各类市场主体更多的关注，一旦发生欺诈，可能更容易被发现。Dyck 等（2010）在研究上市公司欺诈的监管问题时，认为大公司的部分可观测问题程度非常低，因此将样本限定在资产规模超过 7.5 亿美元以上的公司，后续大量实证研究在选取样本时均参照 Dyck 等（2010）的做法（Khanna 等，2015；Hass 等，2015）。二是“公司的并购活动”。Erikson 等（2011）发现发生欺诈的公司比不发生欺诈的公司更积极地进行并购活动，会把并购活动当作掩饰欺诈的一种策略。但 Wang（2013）认为并购活动是相对公司其他各类指标更易被观察到的公司特征，之所以发生欺诈事件的公司的并购活动更加活跃，是因为他们更易受到关注从而更容易被发现欺诈。三是“托宾 q 值”。Wang（2013）认为，由于经济周期（Povel 等，2007）的影响，公司欺诈的发生与托宾 q 值有显著的“U”形关系。四是“董事会规模”。Lipton 和 Lorsch（1992）认为规模过大的董事会会导致监督效率降低，影响公司绩效。

（2）模型设定

根据前文对研究方法的讨论和因变量、解释变量及控制变量的选择，检验假设 1 的估计方程为：

$$F_{i,t} = \beta_0 + \beta_1 State_{i,t-1} + \beta_2 Size_{i,t-1} + \beta_3 Boardsize_{i,t-1} + \beta_4 Tobinq_{i,t-1} + \beta_5 M\&A_{i,t} + \beta_6 ROA_{i,t-1} + \beta_7 Leverage_{i,t-1} + \beta_8 Cash_{i,t-1} + \beta_9 Duality_{i,t-1} + \beta_{10} Ab.ROA_{i,t-1} + \beta_{11} Volatility_{i,t} + \beta_{12} Decline_{i,t} + \varepsilon_{i,t}$$

$$D_{i,t} = \beta_0 + \beta_1 State_{i,t-1} + \beta_2 Size_{i,t-1} + \beta_3 Boardsize_{i,t-1} + \beta_4 Tobinq_{i,t-1} + \beta_5 M\&A_{i,t} + \beta_6 Ab.ROA_{i,t-1} + \beta_7 Volatility_{i,t} + \beta_8 Decline_{i,t} + \delta_{i,t}$$

数据匹配的原则是选择与欺诈事件发生时间距离最近的数据，所有与公司内部治理相关的变量均来自上一年度年终报表的数据，但从年份来看，是相对因变量 Z 滞后一期的变量，而控制变量 Volatility 和 Decline 与公司欺诈事件曝光期间的股价波动相关，因此选择与因变量 Z 同期的数据。在检验假设 2 至假设 4 时，则依据解释变量的差别，分别将 $State_{i,t-1}$ 替换为 $Top1_{i,t-1}$、$Top\ 10_{i,t-1}$ 或 $Top9_{i,t-1}$，并将 $State_{i,t-1}$ 作为控制变量使用。本书所有的回归方程将使用Stata13.0进行估计。

4.2.3　样本描述性统计

第 3 章对上市公司欺诈行为的定义和行为界定进行了具体的探讨，并以国泰安上市公司违规行为数据库为基础，构建了一个由 3616 个欺诈事件构成的研究样本。本书以此构建因变量 Z。如果某上市公司当年被监管机构至少发布一次涉嫌欺诈行为的处理文件，则 Z 为 1，否则为 0。其他变量的相关数据也主要来自国泰安数据库，公司股价波动率的数据来自 Wind 数据库。股权分置改革的时间为 2005 年，因此样本的时间窗口为 2006—2016 年。此外，基于资产负债表的特殊性，剔除掉金融类企业，并剔除掉 B 股和部分变量缺失的数据，最终有效的观测样本为 13001 个，涉及 2273 家上市公司。

表 4-2 报告了主要变量的描述统计情况。第一列为变量符号，第二列至第五列报告了总体样本下各变量的均值、标准差、最小值和最大值。样本中控股股东的持股比例均值为 35.7511%，最小值 8.93%，最大值 75.78%，十大股东总体持股比例均值为 54.2712%，最小值 21.33%，最大值则达到 94.67%，反映了我国上市公司股权集中度较高的状况。表征国企性质的虚拟变量 State 的均值为 0.5731，样本中 57.31% 的上市公司为国有企业。第六列和第七列反映的是将样本按照因变量 Z=1 和 Z=0 分组后各变量的均值，由两列数据对比可知，发生欺诈事件公司的控股股东持股比例、十大股东持股比例、公司总资产、并购事件、国企性质、现金资产比、超额资产收益率等变量的均值都小于未发生欺诈事件的公司，而九大股东的持股比例、董事会规模、托宾 q 值、杠杆率、两职合一、股价波动率、股价暴跌事件等变量大于未发生欺诈的公司。第七列报告的是分组均值差 t 检验的 p 值，股价波动事件的均值差并不显著，董事会规模和托宾 q 的均值差通过了 5% 显著性水平的 t 检验，其他变量的均值差均通过 1% 显著性水平的 t 检验。值得一提的是超额资产收益率的均值差，其总体均值为 -1.0159，表明大量上市公司总体的盈利水平难以达到预期，参与欺诈的上市公司的均值差为 -0.502，显著大于未参与欺诈公司的 -1.0691，这或许表明欺诈的公司更加倾向于将盈利水平操控在符合外界预期的范围内。

表 4-2　　样本描述性统计

变量	总体样本				fraud = 1	fraud = 0	p 值
	均值	标准差	最小值	最大值	均值	均值	
State	0.5731	0.4947	0	1	0.4213	0.5888	0
Top1（%）	35.7511	15.3581	8.93	75.78	32.6624	36.0706	0
Top10（%）	54.2712	15.6633	21.33	94.67	52.1952	54.4859	0

续表

变量	总体样本				fraud = 1	fraud = 0	p 值
	均值	标准差	最小值	最大值	均值	均值	
Top9 (%)	18.5168	12.2336	0.6	65.64	19.5288	18.4122	0.0056
Size	10.2164	1.2387	7.1775	13.8044	9.9978	10.239	0
Boardsize	2.2594	0.2341	1.6094	2.8903	2.2746	2.2579	0.0306
Tobin'q	2.0345	1.9574	0.2153	12.3898	2.1681	2.0207	0.0223
M&A	0.6004	0.4898	0	1	0.4921	0.6116	0
ROA	0.0322	0.0686	-0.2923	0.2313	0.0343	0.1298	0
Leverage	0.4845	0.2363	0.0349	1.5155	0.5354	0.4792	0
Cash	0.134	0.1166	0.0012	0.7233	0.1197	0.1355	0
Duality	0.1486	0.3557	0	1	0.1811	0.1452	0.0022
Ab. ROA (%)	-1.0159	5.531	-16.64	7.08	-0.502	-1.0691	0.0019
Volatility (%)	7.331	2.9189	2.9892	17.9945	7.8354	7.2789	0
Decline	0.0897	0.2857	0	1	0.1142	0.0871	0.998

注：第一列为变量符号，各变量具体定义见表 4 - 1，第二至第五列分别为总体样本的均值，标准差，最小值和最大值，第六列和第七列分别为 Z = 1 和 Z = 0 的样本均值统计情况，第八列为样本均值差 t 检验的 p 值。

4.3　实证结果分析

4.3.1　企业的国有性质与上市公司欺诈

为了降低极端值对实证结果的影响，本书对连续变量在 1% 和 99% 分位数上进行了缩尾处理。表 4 - 3 报告了企业的国有性质对上市公司欺诈的影响。每组回归结果分成三列报告，第一列报告各变量对于公司实施欺诈的概率 P（F）的影响，第二列报告各变量对公司欺诈曝光的条件概率 P（D | F）的影响，由于所有 Probit 类

的估计均不能直接给出解释变量对因变量的边际效应，本书对于解释变量对两个过程影响方向相反的估计过程在第三列报告总体的边际效应，以反映解释变量与因变量总体的相关关系。此外表格的底部报告了样本观测数、瓦尔德检验值和对应的 P 值，以及对数似然值。首先从控制变量来看，公司规模 Size 既显著的降低了公司实施欺诈的概率，影响系数为 -0.129，同时提高了公司发生欺诈事件后被发现的条件概率，影响系数为 0.106。总体的边际效应为负，系数为 -0.0302，三者显著性水平均为 1%。这表明规模更大的公司最终出现欺诈事件的概率更低，但规模对两个过程的影响方向是相反的。大公司一方面由于内部治理结构完善更不容易发生欺诈事件，另一方面更容易吸引公众的关注，内部的欺诈活动更容易被曝光，这一结果与本书的预期一致。公司的盈利水平 ROA、现金资产比率 Cash 与公司实施欺诈行动的概率显著负相关，而公司的杠杆率 Leverage 越高会导致公司的欺诈倾向更高，也与预期一致。本书并未像 Wang 等（2010）一样，发现托宾 q 值与企业实施欺诈的概率有显著的正相关关系，但是发现和公司欺诈被发现的条件概率有显著的正相关关系，显著性水平为 1%，这表明在我国的资本市场，市值与重置成本偏离过大的企业有可能受到更强的外部监管。在代表欺诈的事后因素中，超额收益率 Ab. ROA 与公司欺诈曝光的概率正相关，与预期方向一致，但是不显著，股价暴跌变量 Decline 以及股价的波动率 Volatility 则与公司欺诈的曝光概率分别在 5% 和 1% 的水平下显著正相关，符合预期，表明公司价值或股价的异常变化确实可以引起监管者或市场的关注，因此提高了欺诈事件被发现的概率。因此，从控制变量的效果看，大部分变量的回归结果与预期一致，估计方程可以有效识别欺诈事件的实施与曝光两个过程。另一个值得关注的是表征公司并购活动的变量 M&A 与欺诈的关系，M&A 与公司实施欺诈的概率负相关，而与欺诈被曝光的概率正相关，总体的边际效应为正，且显著性水平均达到

1%。这表明我国上市公司的兼并活动中经常曝光欺诈事件并不是因为这些公司更容易进行欺诈，而是因为这些公司由于受到更高的关注度，一旦进行欺诈活动，更容易被发现，这一结论不支持 Erikson（2011）的研究，但是与 Wang（2013）的结论一致。进行并购活动的公司在事前就知道自己必然会因为并购受到监管部门更严格的审查和媒体更多的报道，提高了行为人对欺诈的预期成本，因而实施欺诈的可能性更低。因此，从公司欺诈的角度来讲，上市公司发生的并购活动对于金融监管和整个资本市场的发展是有益的。例如，近年以前海、恒大、安邦为代表的各大保险资金纷纷举牌上市公司，紧接着各大媒体就开始关注其资金来源是否合法并做出大量公开报道，这大大降低了政府部门的监管成本。

表 4 - 3　　国企性质与上市公司欺诈

变量	全样本回归		
	P(F)	P(D|F)	mfx
State	- 0. 227 ***	0. 101 *	- 0. 0302 ***
	(0. 0382)	(0. 0589)	(0. 0056)
Size	- 0. 129 ***	0. 106 ***	- 0. 0134 ***
	(0. 021)	(0. 0335)	(0. 0026)
Boardsize	0. 214 **	- 0. 0437	0. 0326 ***
	(0. 0929)	(0. 134)	(0. 0112)
Tobin' q	- 0. 0207	0. 0539 ***	0. 0008
	(0. 0131)	(0. 02)	(0. 0017)
M&A	- 1. 457 ***	5. 514 ***	0. 189 ***
	(0. 348)	(0. 489)	(0. 0595)
ROA	- 1. 072 ***		- 0. 181 ***
	(0. 28)		(0. 0435)
Leverage	0. 394 ***		0. 0663 ***
	(0. 0762)		(0. 0131)
Cash	- 0. 291 **		- 0. 0490 **
	(0. 147)		- 0. 0239
Duality	0. 0676		0. 0114 *
	(0. 0418)		- 0. 0069

续表

变量	全样本回归		
	P(F)	P(D丨F)	mfx
Ab. ROA		0.0083 (0.0055)	0.0007 (0.0004)
Volatility		0.0382*** (0.0126)	0.0030*** (0.0005)
Decline		0.268** (0.112)	0.0212*** (0.0061)
Constant	0.895* (0.495)	-1.429*** (0.438)	
Observations	13001		
Wald chi2	583.01		
Prob > chi2	0		
Log Likelihood	-3900.5419		

注：第1列为自变量，模型的解释变量为State，公司控股股东为国有性质时为1，否则为0。其他各变量定义见表1。每个自变量对应两行结果，第一行为参数估计值，第二行括号内表示的是稳健标准误。*、**、***分别表示在10%、5%、1%的显著性水平下显著。

表4-3中本书主要关注的解释变量State在1%的显著性水平下降低了公司实施欺诈的概率P（F），符合假设H1，对欺诈事件的曝光概率P（D丨F）影响为正，但是显著性水平仅为10%。根据前文的理论阐释，国有企业基于巨大的欺诈成本，既不会像外部监管者一样竭尽全力地揭露自己的欺诈活动，但是也不会主动地选择包庇行为。相应的，回归结果也表明国有企业与公司欺诈曝光的概率体现出正向的弱相关关系，国有性质主要是在事前显著的影响实施欺诈的可能性。从总体的边际效应看，国有企业最终出现欺诈事件，即Z=1的概率比非国有企业低3%，显著性水平达到1%。结合林莞娟等（2016）、汪昌云和孙艳梅（2010）以及本书的研究结论表明，即使在股权分置改革之后，国有企业尽管依旧表现出较差的公司绩效，但发生公司欺诈的可能性也更低，公司绩效与公司

欺诈并不存在绝对的负向关系。

4.3.2 控股股东与上市公司欺诈

表4-4中第一行为解释变量Top1，表示上市公司第一大股东持股比例，回归结果显示，该变量显著降低了公司实施欺诈活动的概率，显著性水平为1%，与本书的假设H2相符，对公司欺诈活动的曝光概率没有显著影响。公司的控股股东持股比例与公司实际发生欺诈的概率P（F）负相关，说明公司的控股股东确实更加重视公司的长期价值，可以有效的降低欺诈的实施概率，假设H2得到验证。这一结论与陈关亭（2007）和汪昌云和孙艳梅（2010）等的研究是一致的，但不同的是，本书是在考虑部分可观测问题的基础上重新对该结论进行了检验，依据的理论基础也不同。

表4-4进一步将样本划分为国有企业和非国有企业，本书发现国有企业控股股东依旧显著降低公司实施欺诈的概率，且显著提高公司欺诈曝光的概率，这一结论与假设H1内在一致。非国有

表4-4　控股股东与上市公司欺诈（1）

变量	全样本回归		State = 1		State = 0	
	P(F)	P(D|F)	P(F)	P(D|F)	P(F)	P(D|F)
Top1	-0.0057***	0.0005	-0.0052***	0.0113*	-0.0123	-0.0199***
	(0.0015)	(0.0029)	(0.0022)	(0.0065)	(0.0111)	(0.0055)
Controls	Yes	Yes	Yes	Yes	Yes	Yes
Observations	13001		7451		5550	
Wald chi2	91.75		71.89		140.65	
Prob > chi2	0		0		0	
Log Likelihood	-3889.7845		-1593.6215		-1944.3111	

注：第1列为自变量，模型的解释变量为Top1，表示第一大股东持有股份比例。其他各变量定义见表1。每个自变量对应两行结果，第一行为参数估计值，第二行括号内表示的是稳健标准误。*、*** 分别表示在10%、1%的显著性水平下显著。

企业控股股东尽管也降低公司实施欺诈的概率，但并不显著，与此同时，在1%的显著性水平下降低公司欺诈曝光的概率。这一结果一方面表明本书的假设H2主要通过国有企业体现，另一方面非国有企业的实证结果与本书的理论分析也并不违背：尽管非国有企业控股股东具备长期投资者的特征，但也可能存在短期投资者的倾向：一方面，中国非国有企业普遍面临比国有企业更困难的生存环境，国有企业在融资环境、政策红利等方面均具有巨大的优势，导致的结果是非国有企业普遍寿命较短，或控股股东更换更加频繁（如借壳上市更多发生在民营企业），再加上非国有企业规模普遍小于国有企业，因此控股股东对于通过公司长期稳定增长获得收益的预期要低于国有企业；另一方面，我国股市一直被浓郁的投机氛围所包围，大量规模较小的非国有上市公司“壳”价值远高于公司的基本价值，因此这些公司的股票经常被反复炒作，如果控股股东认为从公司长期稳定增长获得的收益无法超过其通过欺诈手段炒作股价获得的收益时，可能不会主动抑制公司的欺诈倾向，与此同时面对公司内部已经发生的欺诈活动，会选择积极包庇和掩盖，避免欺诈曝光。

为了进一步验证投资者类型对公司欺诈的影响，本书接下来根据控股股东持股比例的分位数对样本进行划分。在所使用的样本中，控股股东持股比例的5%分位数为14.07%，95%分位数为63.74%，表4-5的第一组回归中，去掉了控股股东持股比例在63.74%以上的样本，保留了控股股东持股比例较低的样本。发现Top1对P（F）的影响不再显著，且方向已变为正（0.0106），控股股东已无法显著降低公司发生欺诈的可能性。同时在5%的显著性水平下，Top1降低了公司欺诈事件曝光概率，影响系数为-0.0192。这表明持股比例较低的控股股东不仅没有发挥抑制公司内部欺诈的作用，反而会选择掩盖欺诈活动。第二组回归去掉了控股股东持股比例在14.07%以下的样本，保留控股股东持股比例偏

高的样本，发现回归结果与表 4－5 的全样本回归结果一致，依然显著降低公司的欺诈倾向，且对于公司欺诈事件的曝光没有显著的影响。第一组回归同表 4－5 中的全样本回归相比，仅去掉 605 个样本，但是回归结果完全颠覆，表明去掉的控股比例极高的少数样本却对全样本回归的结果具有决定性的作用。由于 Top1 对 P（F）和 P（D | F）影响的方向相反，本书进一步观测解释变量总体的边际效应，两组回归中控股股东持股比例均可以显著降低总体的欺诈事件 Z＝1 的概率，边际效应分别为－0.0011 和－0.0008，然而其具体的作用机制由于持股比例的不同而有所差别。对于控股比例较低的公司，控股股东主要是通过降低公司欺诈被曝光的概率而实现，体现的是包庇效应，对于控股比例较高的公司，控股股东则显著降低公司的欺诈倾向，体现出积极的公司治理效用。如果不考虑部分可观测问题，使用单变量 Probit 或 Logit 估计显然无法观测这种差异影响。因此，在不考虑其他因素的影响下，从欺诈的角度看，使控股股东的持股比例保持在一个较高的水平对公司的长期发展和投资者较为有利。

表 4－5　　控股股东与上市公司欺诈（2）

变量	去掉控股比例较高的样本			去掉控股比例较低的样本		
	P(F)	P(D|F)	mfx	P(F)	P(D|F)	mfx
Top1	0.0106 (0.0178)	−0.0192** (0.0086)	−0.0011*** (0.0002)	−0.005*** (0.0017)	−0.0011 (0.0031)	−0.0008*** (0.0002)
Controls	Yes	Yes	Yes	Yes	Yes	Yes
Observations	12396	12396	12396	12305	12305	12305
Wald chi2	136.37			889.87		
Prob > chi2	0			0		
Log Likelihood	−3751.4281			−3612.8865		

注：**、*** 分别表示在 5%、1% 的显著性水平下显著。

4.3.3　非控股大股东与上市公司欺诈

接下来本书关注的目标由控股股东扩展至前十大股东与上市公司欺诈的关系。表4-6第一列回归的解释变量为Top10，表示公司前十大股东持股比例的总和。回归结果显示，Top10分别在1%的显著性水平下提高了P（F）的概率和降低了P（D|F）的概率。十大股东持股比例越高，公司实施欺诈的可能性越高，公司欺诈被曝光的条件概率却更低，假设H4得到验证。同样的，如果不考虑部分可观测问题，使用单变量的Probit回归会误认为十大股东持股比例越高，公司实施欺诈的可能性越低。总体的边际效应在1%的显著性水平下为负，十大股东对欺诈事件的包庇作用超过了对公司欺诈提高作用的影响。表4-4的实证结果表明控股股东的持股比例与公司欺诈的倾向P（F）有显著的负向关系，但解释变量更替为十大股东持股比例后方向为正，表明公司第二位至第十位的股东有强烈的欺诈倾向，且这种影响可能超过了控股股东对欺诈倾向的降低作用。为了检验这一推断，表4-7第二组回归的解释变量Top9中去掉控股股东的持股比例，变为公司第二至第九大股东的持股比例总和，发现解释变量果然在5%的显著性水平下提高了P（F）的概率，影响系数为0.0035，与P（D|F）的影响系数为-0.0005，但是并不显著。

表4-6　　十大股东、非控股大股东与上市公司欺诈

变量	前十大股东			九大股东		
	P(F)	P(D|F)	mfx	P(F)	P(D|F)	mfx
Top10	0.0186*** (0.0089)	-0.0210*** (0.005)	-0.0006*** (0.0002)			
Top9				0.0035** (0.0018)	-0.0013 (0.0028)	0.0005*** (0.0002)

续表

变量	前十大股东			九大股东		
	P(F)	P(D|F)	mfx	P(F)	P(D|F)	mfx
Controls	Yes	Yes	Yes	Yes	Yes	Yes
Observations	13001			13001		
Wald chi2	137.01			989.48		
Prob > chi2	0			0		
Log Likelihood	-3901.1869			-3899.4582		

注：**、*** 分别表示在5%、1%的显著性水平下显著。

为了进一步说明上述差异影响是由于控股股东与非控股大股东投资者类型差异引起的，本书对上市公司每一年大股东持股变化状况进行了统计。首先统计每一年大股东持股的变化状况，以控股股东为例，计算方法为：

$$\Delta Top1_t/Top1_{t-1} = |Top1_t - Top1_{t-1}|/Top1_{t-1}$$

使用当年控股股东持股比例减去上一年的持股比例并取绝对值，然后除以前一年的持股比例。其他九大股东和十大股东持股变化按照相同的方法计算。表4-7详细列出了这三个变量的均值、方差、分位数等统计量。结果显示，控股股东持股变化的平均值仅为0.0719，而其他九大股东和十大股东的平均值分别为0.3583和0.088。控股股东的方差为0.1956，九大股东为0.9836。很明显，以年为单位，九大股东比控股股东更加频繁的买卖公司股票。表4-8还分别列出各变量25%、50%和75%分位数，发现控股股东持股变化的25%、50%分位数都为0，九大股东则分别为0.0539和0.1461，最后一行列出变化率为0的个数，有7884个样本的控股股东持股比例与上一年相同，而九大股东仅有242个。这些数据皆表明，控股股东不会频繁买卖公司的股票，更加注重公司的长期价值，而非控股大股东的增减持活动较为频繁，是相对短期的投资者。

表 4-7 大股东持股变化

统计量	第一大股东	第二至第九大股东	前十大股东
均 值	0.0719	0.3583	0.088
方 差	0.1956	0.9836	0.1283
25%中位数	0	0.0539	0.0175
50%中位数	0	0.1461	0.0497
75%中位数	0.072	0.3333	0.1146
0的个数	7884	242	280

4.3.4 分样本讨论

接下来本书对非控股股东与上市公司欺诈的关系，也通过分样本回归做进一步分析。回归结果由表 4-8 报告，两组结果分别以国有企业和非国有企业为样本，以 Top9 和 Top10 为解释变量重新进行回归得到。本书发现，非控股股东持股比例不论是在国有企业还是非国有企业，均显著了提高公司实施欺诈的概率，并降低了公司欺诈曝光的概率，从影响系数与显著性水平看，非控股股东对非国有企业的影响大于国有企业。由于国有企业占有更高比例，所以表 4-6 全样本下非控股股东对欺诈曝光的影响不显著。这一差别在十大股东持股比例的回归中得到进一步体现，国有企业十大股东持股比例与公司实施欺诈的概率和欺诈曝光的概率均没有显著的相关关系，而非国有企业十大股东持股比例既显著提高实施欺诈的概率，同时降低欺诈曝光的概率。这也使本书的结论进一步清晰：国有企业的控股股东可以降低公司实施欺诈的概率，并且不会主动包庇公司内部的欺诈活动。非国有企业的控股股东倾向于降低公司实施欺诈的概率，但并不显著，同时会显著倾向于包庇内部的欺诈活动。两类企业的非控股大股东均倾向于提高公司实施欺诈的概率，并降低公司欺诈被曝光的概率。而两种股东“合力”作用的结果是，国有企业十大股东持股比例之和与公司欺诈的实施和曝光均没有显著的关系，非国有企业的十大股东持股比例之和会提高公司实施欺诈的概率，并通过“共谋”降低公司欺诈曝光的概率。总之，从欺诈的角度而言，国有企业的控股股东发挥了积极的作用，非国有企业不论控股还是非控股大股东均发挥了消极的作用，并且消极作用超过了积极的作用，从而导致前文全样本回归中 Top10 既提高公司实施欺诈的概率，又降低公司欺诈曝光概率的结果。本书通过考虑部分可观测的 Bivariate Probit 估计对大股东持股比例与上市公司欺诈的关系进行了充分的检验，并揭示了一个重要的现象：上市公司内部发生的欺诈活动远比本书实际能观测到的要多，本书未能接近真相的原因是大股东会通过“共谋”尽力避免欺诈事件的曝光，而这一状况在非国有企业中则更为严重。

表 4－8　　非控股股东的分样本回归

变量	State = 1		State = 0		State = 1		State = 0	
	P(F)	P(D|F)	P(F)	P(D|F)	P(F)	P(D|F)	P(F)	P(D|F)
Top9	0.0058** (0.0028)	−0.0053 (0.0031)	0.0093* (0.0053)	−0.0350*** (0.0119)				
Top10					−0.0008 (0.0022)	−0.0015 (0.0034)	0.0187** (0.0112)	−0.0267*** (0.0071)
Controls	Yes	Yes	Yes	Yes	Yes	Yes	Yes	Yes
Observations	7451		5550		7451		5550	
Wald chi2	2850.84		93.00		882.56		62.67	
Prob > chi2	0		0		0		0	
Log Likelihood	−1596.0022		−1943.885		−1595.7357		−1942.3592	

注：*、**、*** 分别表示在 10%、5%、1% 的显著性水平下显著。

4.3.5 稳健性检验

(1) 内生性处理

①工具变量法。本书的结论存在一定程度的内生性问题，大股东持股比例与因变量 Z 总体的边际效应均为负相关关系，可能是由于大股东事前认为公司实施欺诈的概率较低或至少认为公司欺诈活动不易被曝光而主动选择持有较多股权的结果。为了排除内生性的干扰，本书借鉴 Kim 等（2014），Xu 等（2014）和王化成等（2015）的研究，采用相同年度同行业和相同年度同地区其他公司大股东持股比例，作为解释变量的工具变量。由于同行业或同地区面对类似的行业环境与企业外部经营环境，因而它们之间的大股东持股比例具有一定的相关性，但公司欺诈活动主要依赖于公司具体情况，与其他公司并无直接的相关关系，满足工具变量的选取原则。以控股股东持股比例 Top1 为例，本书首先以 Top1 为因变量，以 IV1（同年度同行业其他公司 Top1 的均值）、IV2（同年度同地区其他公司 Top1 的均值）为解释变量，以及与表 4-4 相同的控制变量进行第一阶段回归，然后使用 Top1 的估计值作为解释变量重新检验控股股东与因变量 Z 的关系。关于十大股东和九大非控股股东的两阶段工具变量估计采取相同的做法。回归结果分别由表 4-9 的三组回归报告。从回归结果来看，Top1 依旧与 P（F）显著负相关，Top10 依旧与 P（D | F）显著负相关，Top9 依旧与 P（F）显著正相关，与前面回归结果略有不同的是，Top10 与 P（F）虽然仍为正相关关系，但不再显著，这一结果不仅总体上证明了本书的研究结论稳健，而且实质上在排除内生性干扰的基础上更加证明了本书的推断：降低公司实施欺诈概率的积极作用主要来自（国有企业的）控股股东，提高公司实施欺诈概率的消极作用主要来自非控股股东，公司所有大股东会共同致力于降低欺诈曝光的概率。此外，控制变量的回归结果也大部分与前文一致。

表 4-9 两阶段 IV 估计

变量	控股股东			前十大股东			九大非控股股东		
	第一阶没回归	P(F)	P(D|F)	第一阶段回归	P(F)	P(D|F)	第一阶段回归	P(F)	P(D|F)
Top1		-0.0192**	-0.0087						
		(0.0099)	(0.0160)						
Top10					0.0008	-0.0179**			
					(0.0079)	(0.0091)			
Top9								0.0538***	-0.0069
								(0.0160)	(0.0074)
IV1	0.539***			0.453***			0.178***		
	(0.0407)			(0.0386)			(0.0396)		
IV2	0.363***			0.424***			0.299***		
	(0.0467)			(0.0343)			(0.0356)		
ROA	13.70***	-0.959***		21.59***	-1.123***		7.660***	-2.623***	
	(2.1290)	(0.3380)		(2.2770)	(0.3430)		(1.7670)	(0.7230)	
Leverage	-1.927***	0.394***		-3.503***	0.406***		-1.914***	0.993***	
	(0.6260)	(0.0838)		(0.6780)	(0.0903)		(0.5080)	(0.3300)	
Cash	-1.9810	-0.347*		1.3910	-0.2590		4.858***	-0.714**	
	(1.2310)	(0.1810)		(1.2160)	(0.1680)		(1.0310)	(0.2960)	
State	3.675***	-0.231***		-0.737**	-0.352***		-4.747***	-0.322***	
	(0.2950)	(0.0617)		(0.3000)	(0.0446)		(0.2360)	(0.0438)	
Duality	-0.950**	0.0016		-0.2920	0.0283		0.792**	0.0281	
	(0.3710)	(0.0482)		(0.3980)	(0.0488)		(0.3080)	(0.0465)	

续表

变量	控股股东			前十大股东			九大非控股股东		
	第一阶段回归	P(F)	P(D|F)	第一阶段回归	P(F)	P(D|F)	第一阶段回归	P(F)	P(D|F)
Size	3. 305***	-0. 0556	0. 125**	3. 950***	-0. 120***	0. 161***	0. 610***	-0. 101***	0. 0584**
	(0. 1440)	(0. 0409)	(0. 0606)	(0. 1470)	(0. 0400)	(0. 0459)	(0. 1260)	(0. 0207)	(0. 0279)
Boardsize	-5. 166***	0. 1290	-0. 0357	1. 678***	0. 237**	0. 0340	6. 968***	0. 213**	0. 0073
	(0. 6100)	(0. 1190)	(0. 1300)	(0. 6160)	(0. 1070)	(0. 1170)	(0. 4900)	(0. 1070)	(0. 1320)
M&A	-2. 053***	-1. 914***	5. 895***	-1. 419***	-2. 088***	6. 231***	0. 453*	-1. 700***	5. 867***
	(0. 2940)	(0. 3970)	(0. 3030)	(0. 2930)	(0. 3330)	(0. 2440)	(0. 2400)	(0. 4950)	(0. 3230)
Tobin'q	0. 235***	-0. 0113	0. 0391**	0. 747***	-0. 0171	0. 0533***	0. 520***	-0. 0179	0. 0388**
	(0. 0783)	(0. 0138)	(0. 0166)	(0. 0820)	(0. 0147)	(0. 0169)	(0. 0691)	(0. 0137)	(0. 0158)
Ab. ROA	-0. 0750***		0. 0059	-0. 128***		0. 0067	(0. 0246)		0. 0068
	(0. 0245)		(0. 0053)	(0. 0249)		(0. 0050)	(0. 0202)		(0. 0048)
Volatility	0. 111**		0. 0326***	0. 378***		0. 0363***	0. 240***		0. 0298***
	(0. 0478)		(0. 0106)	(0. 0485)		(0. 0094)	(0. 0405)		(0. 0086)
Decline	0. 7830		0. 280***	1. 841***		0. 268***	1. 089***		0. 235***
	(0. 4890)		(0. 1070)	(0. 4860)		(0. 0821)	(0. 4060)		(0. 0818)
Constant	-20. 72***	1. 402**	-1. 532***	-42. 63***	1. 434***	-1. 583***	-13. 89***	1. 257**	-1. 532***
	(2. 7590)	(0. 5620)	(0. 3950)	(3. 3400)	(0. 4940)	(0. 3650)	(1. 9320)	(0. 5490)	(0. 3830)
Observations	11429	12995	12995	11429	12995	12995	11429	11429	11429
R - squared	0. 1440			0. 1510			0. 0930		
Wald chi2		1339. 81			1897. 36			1568. 35	
Prob > chi2		0			0			0	
Log Likelihood		-3339. 8011			-3341. 1764			-3348. 8063	

注：*、**、***分别表示在10%、5%、1%的显著性水平下显著。

②滞后效应与提前效应。为了进一步验证上述结论，本书借鉴李维安和李滨（2008）研究，通过检验 Top9 的滞后效应降低内生性的干扰。由于前文回归已经使用的是滞后一期变量，因此本书进一步生成 Top9 的滞后两期变量，此时仍然是欺诈事件发生即 Z = 1 之前，按照本书的理论推断，Top9 仍然可能影响欺诈的实施，与 P（F）显著正相关，但由于距离欺诈曝光的时间较远，因此 Top9 应与 P（D | F）关系不大，估计结果由表 4 - 10 的第一组回归报告，与预期一致。此外，陆瑶等（2012）发现同期的机构投资者比例显著影响公司违规的稽查过程，而机构投资者往往在非控股股东中占有较高的比例，因此本书使用 Top10 的同期变量作为解释变量重新回归，结果由表 4 - 10 的第二组回归报告，此时距离欺诈的实施时间已经更远，Top10 应与 P（F）无关，但此时的大股东尽管与最初欺诈的实施没有太大的关系，但当在增持公司股权后发现公司内部已经存在欺诈活动时，仍然会选择尽力避免欺诈曝光，因此应与 P（D | F）有显著的负相关关系，根据表 4 - 10 的报告，结果正是如此。由于 Top1 相邻两期之间变化不大，因此本书不再检验 Top1 的滞后效应和提前效应。总体来看，在排除内生性干扰的基础上，本书的结论依旧成立。

表 4 - 10　　非控股股东的滞后效应与十大股东的提前效应

变量	滞后两期的九大非控股股东		同期的十大股东	
	P(F)	P(D|F)	P(F)	P(D|F)
Top10			0.0107 (0.0094)	-0.0178** (0.0089)
Top9	0.0047** (0.0022)	-0.0026 (0.0023)		
Constant	Yes	Yes	Yes	Yes
Observations	10734		12974	
Wald chi2	520.44		243.63	
Prob > chi2	0		0	
Log Likelihood	-2657.9332		-2841.3645	

注：** 表示在 5% 的显著性水平下显著。

（2）地区与行业的影响

①地区经济的影响。接下来本书考虑地区经济发达程度对研究结论的影响。本书将样本分为东部地区与中西部地区两类[①]（为了避免样本过少导致回归不收敛，将中部与西部地区进行合并），分别代表经济较发达、市场化程度较高和经济欠发达、市场化程度较低的地区，重新进行回归。研究结果由表4－11报告，本书发现控股股东持股比例与上市公司实施欺诈的关系与前文结果基本一致，但只在东部地区显著，表明经济越发达、市场化程度越高地区的控股股东更易发挥积极的公司治理作用。十大股东持股比例与上市公司实施欺诈和欺诈曝光的关系也与前文结果基本一致，除了中西部地区与实施欺诈的关系，其他均在1%的水平下显著。

②行业的影响。接下来本书根据上市公司所属三大产业类别，进一步检验本书的研究结论。由于第一产业的上市公司数量较少，因此本书只讨论第二产业和第三产业[②]的影响。表4－12分别报告了按照产业分类样本下控股股东及十大股东持股比例与因变量的关系。研究结果显示，第二产业控股股东对实施欺诈有显著的降低作用，而第三产业控股股东主要是降低欺诈曝光的概率，考虑到第二产业中国有企业相对较多，第三产业非国有企业相对较多，这一结果与前文回归结果具有内在的一致性。十大股东持股比例在第二和第三产业中对公司实施欺诈和欺诈曝光的影响方向皆与前文一致，但是均不显著。总的来看，表4－12的结果表明本书的研究结论稳健。

---

① 东部地区包括北京、天津、河北、辽宁、上海、江苏、浙江、福建、山东、广东和海南等11个省（市）；中部地区包括山西、吉林、黑龙江、安徽、江西、河南、湖北、湖南等8个省；西部地区包括四川、内蒙古、贵州、广西、云南、重庆、西藏、陕西、甘肃、青海、宁夏、新疆等12个省（区、市）

② 根据证监会《上市公司行业分类指引（2012年修订）》对上市公司的行业分类，本书将农、林、牧、渔业归类为第一产业；将采矿业、制造业、电力、热力、燃气及水生产和供应业和建筑业归类为第二产业；将其余行业归类为第三产业。

表 4－11　东部地区与中西部地区

变量	东部地区		中西部地区		东部地区		中西部地区	
	P(F)	P(D|F)	P(F)	P(D|F)	P(F)	P(D|F)	P(F)	P(D|F)
Top1	－0.0067 ***	0.0013	－0.0022	0.0001				
	(0.0023)	(0.0034)	(0.0028)	(0.0084)				
Top10					0.0214 ***	－0.0191 ***	0.0157	－0.0199 ***
					(0.0065)	(0.0068)	(0.0575)	(0.007)
Controls	Yes	Yes	Yes	Yes	Yes	Yes	Yes	Yes
Observations	7074		4211		7074		4211	
Wald chi2	784.5		83.51		115.27		83.51	
Prob > chi2	0		0		0		0	
Log Likelihood	－1946.1841		－1340.8272		－1948.5253		－1339.648	

注：*** 表示在 1% 的显著性水平下显著。

表 4－12　　第二、第三产业大股东与上市公司欺诈

变量	第二产业		第三产业		第二产业		第三产业	
	P(F)	P(D丨F)	P(F)	P(D丨F)	P(F)	P(D丨F)	P(F)	P(D丨F)
Top1	－0.0053** (0.0023)	0.0046 (0.0056)	0.0136 (0.011)	－0.0198*** (0.0077)				
Top10					0.00148 (0.0149)	－0.0139 (0.0156)	0.0111 (0.0136)	－0.0132 (0.0083)
Controls	Yes	Yes	Yes	Yes	Yes	Yes	Yes	Yes
Observations	7074		4211		4211		7074	
Wald chi2	784.5		83.51		83.51		115.27	
Prob > chi2	0		0		0		0	
Log Likelihood	－1946.1841		－1340.8272		－1339.648		－1948.5253	

注：**、*** 分别表示在 5%、1% 的显著性水平下显著。

（3）进一步降低部分可观测问题

Dyck 等（2013）认为，出于私利动机，律师等外部监管者会尽力挖掘上市公司的欺诈事件，因此只保留规模较大的上市公司可以更进一步降低部分可观测问题。Khanna 等（2015）和 Hass 等（2015）也均采取了类似的做法。因此，本书借鉴上述研究，将资产规模低于 100 亿元人民币的上市公司样本予以剔除，通过进一步降低部分可观测问题，重新检验本书的主要结论。结果由表 4－13 进行报告。从回归结果看，Top1 依旧显著的降低公司实施欺诈的概率，Top9 依旧显著的提高公司实施欺诈的概率，而三个解释变量与公司欺诈曝光的概率均不显著。这一结论和 Dyck 等（2013）、Khanna 等（2015）和 Hass 等（2015）的结论是内在一致的，回归结果不仅表明公司规模可以有效地降低部分可观测问题，而且表明由于面临较强的外部监管环境，规模越大的公司，大股东越难以控制公司欺诈的曝光过程。从欺诈的角度看，类似于国企性质，公司规模也是一个积极的公司治理因素。

表 4－13　　进一步降低部分可观测问题

变量	控股股东		九大非控股股东		前十大股东	
	P(F)	P(D丨F)	P(F)	P(D丨F)	P(F)	P(D丨F)
Top1	－0.0056** (0.0026)	0.0036 (0.0052)				
Top9			0.0065*** (0.0023)	－0.0054 (0.0053)		
Top10					－0.0009 (0.0021)	－0.0046 (0.0056)
Controls	Yes	Yes	Yes	Yes	Yes	Yes
Observations	9224		9224		9224	
Wald chi2	215.62		155.72		148.7	
Prob > chi2	0		0		0	
Log Likelihood	－2498.6948		－2535.1192		－2538.2469	

注：**、*** 分别表示在 5%、1% 的显著性水平下显著。

（4）代理变量

接下来，本书将 Top10 替换为 Top6，将解释变量由前十大股东比例持股之和变更为前六大股东持股比例之和，并相应的将 Top9 替换为 Top5，即由九大非控股大股东持股比例之和替换为五大非控股大股东持股比例之和，进行进一步的稳健性检验，回归结果由表 4－14 报告。回归结果显示，Top5 依旧显著地提高公司实施欺诈的可能性，Top6 既显著提高实施欺诈的概率，同时降低欺诈曝光的概率，与前文回归结果基本一致，表明本书的实证结果稳健。

表 4－14　　代理变量的稳健性检验

变量	第二至第六大股东			稳健性检验（前六大股东）		
	P(F)	P(D丨F)	mfx	P(F)	P(D丨F)	mfx
Top6				0.0189** (0.009)	－0.0197*** (0.0051)	－0.0006*** (0.0002)

续表

变量	第二至第六大股东			稳健性检验（前六大股东）		
	P(F)	P(D丨F)	mfx	P(F)	P(D丨F)	mfx
Top5	0.0080 *** (0.0029)	-0.0026 (0.0025)	0.0004 (0.0003)			
Controls	Yes	Yes		Yes	Yes	
Observations	13001			13001		
Wald chi2	103.97			148.05		
Prob > chi2	0			0		
Log Likelihood	-3357.8327			3345.2961		

注：**、*** 分别表示在 5%、1% 的显著性水平下显著。

4.4 本章小结

本章以 2006—2016 年中国上市公司的数据为样本，应用考虑部分可观测的 Bivariate Probit 估计方法对股权结构与上市公司欺诈的关系进行全面的分析。研究结果表明大股东的股权性质与持股比例与上市公司欺诈的关系相当复杂，具体而言，国有企业的控股股东持股比例越高，公司实施欺诈的概率更低，且控股股东不会主动地包庇公司内部已经发生的欺诈活动，非国有企业控股股东降低公司实施欺诈的概率并不明显，同时选择包庇公司的欺诈活动。不论是国有还是非国有上市公司的非控股股东，均会显著提高上市公司实施欺诈的概率。同时本书发现，所有大股东会一起通过“共谋”的方式掩盖欺诈事实，避免欺诈曝光的嫌疑，这种部分可观测现象在非国有性质、控股股东持股比例较低和公司规模较低的上市公司中更加严重，在这些企业中可能有大量的欺诈活动未被发现。本书认为尽管表象复杂，但可以大股东的投资理念可以做出合理而贴切的解释。控股股东和非控股大股东的影响差异以及国有企业与非国有大股东的影响差异源于大股东投资者类型或投资理念，长期价值投资者会积极地减少公司欺诈活动的发生，避免影响公司的长远发展，短期投资者在“急功近利”的心态下，不仅会提高公司的欺诈倾向，而且还会积极地掩盖欺诈事实，扰乱金融监管。传统的利益协同效应或隧道效应理论并不能解释这种不同类型大股东对公司欺诈的差异影响。

本书的研究结论从公司欺诈的角度充分表明了向市场引导价值投资理念的重要性。在我国股市，万科A、贵州茅台等公司是长期价值成长公司的典范，相应的是这些公司自登陆股市以来从未发生过欺诈事件，大股东也在公司长期良性的发展中积累了巨额的财富。因此，相比利用对上市公司的控制权在资本市场频繁的“兴风作浪”，坚持长期价值投资理念对于大股东来说可能是更好的选择。为了有效防范欺诈事件的发生，政府部门一方面应当着力引导中小上市公司向这些“标本”看齐，打击当前普遍存在的上市公司“壳”价值超过公司本身价值的现象，另一方应对诸如除权除息等交易制度进行优化，杜绝“填权”等毫无价值增长基础的炒作行情，以及尽快推行上市公司强制分红等措施。

第5章 高管激励与上市公司欺诈

上市公司高管由于具有内部信息的优势，对公司的整体状况、发展趋势有较好的把握，作为重要的公司内部治理角色，往往也在上市公司欺诈中扮演了重要的角色。在2008年美国的次贷危机中，大量企业在出现巨额亏损，甚至接近破产清算边缘的同时，企业高管仍在持续领取高额的薪酬，这一现象引起了美国民众强烈的不满。现象的背后正是在绩效薪酬的激励机制下，公司高管为了追求短期利益，不惜积累了大量与次级债相关联的高风险资产，从而在短期内制造出“好看”的公司报表，最终导致了企业危机的爆发。在Wall Street Journal的一项针对银行机构的调查中①，98%的受访者认为薪酬结构是2008年次贷危机的根源之一，并普遍认为金融部门的决策者偏重短期利益的倾向更加明显。实际上，早在21世纪初的安然、世通等丑闻中，就已经暴露了大量公司高管为了追逐短期利益而操纵公司财务信息，牺牲广大外部投资人的丑恶行径。这些事实都让学界不得不重新思考绩效薪酬契约的公司治理效用。国外关于以绩效薪酬契约为代表的高管激励方式与上市公司欺诈之间的关系进行了大量的研究，然而国内却鲜有涉猎，本章以第二章构建的中国上市公司欺诈数据为基础，为该问题提供了来自中国的

---

① 来自“Survey Finds Bank Aware of Pay Flaws”，Wall Street Journal 2009 March. 30。

直接证据，最终发现，不论是管理层的货币薪酬、持有的股权以及股权激励都不同程度提高了公司实施欺诈的可能性。中国上市公司与华尔街的公司存在相同的问题。

5.1　理论分析和研究假设

自 Jensen & Meckling（1976）提出绩效薪酬契约可以减少股东和经理人利益冲突，有效降低代理成本以来，将报酬与公司业绩挂钩的管理层激励方式逐渐成为现代公司缓解委托 - 代理问题的主要手段。到 20 世纪末，美国超过 90% 的上市公司都对管理层实施了绩效薪酬的激励方式。目前，国外学界有大量探讨以绩效薪酬为代表的管理层激励方式与上市公司欺诈关系的研究，但并未形成统一的认识。主要争论点集中在以下两个方面：

（1）绩效薪酬激励是否导致了上市公司管理层更容易欺诈？Goldman 和 Slezak（2006）、Peng 和 Röell（2014）等的理论研究发现，绩效薪酬是一把“双刃剑”，虽然可以提高经理人为了增加公司价值而付出的努力程度，但同时会诱使经理人为了追逐个人利益而对公司利润进行操纵。而 Erickson 等（2006）和 Armstrong 等（2010）的研究则认为绩效薪酬与上市公司欺诈并无显著关联。Jeffery 等（1997）发现董事会成员持股比例越高，发生财务欺诈的可能性越小，绩效薪酬契约反而降低了上市公司发生欺诈的可能性。Armstrong 等（2012）进一步认为业绩薪酬契约是否会诱发公司欺诈与股价的波动程度以及经理人的风险厌恶程度有很大的关系。

（2）哪种形式的激励方式会导致管理层欺诈？Johnson 等（2009）的实证研究发现，管理层持有的股票使其财富与股价的波动直接关联，因此主要是非限售管理层持股与上市公司的欺诈行为相关，而在实证检验中并未发现管理层的货币薪酬、限售股票及期权等与上市公司欺诈有显著的相关关系。Burns 和 Kedia（2006）、Efendi 等（2007）则认为，管理层持有的期权与上市公司欺诈的关系较为显著。管理层可以选择在欺诈未被曝光时行权，而在欺诈曝光后引起股价下跌时不行权，这种收益与损失的不对称性为管理层进行欺诈提供了便利，因此期权激励与公司欺诈的关系较为显著，其他的激励方式由于不具有这种非对称性，不容易导致公司欺诈。

5.1.1 高管薪酬与上市公司欺诈

在 2005 年之前，我国上市公司高管激励主要以货币薪酬为主，且普遍水平较低，甚至有大量高管领取“零薪酬”，而高管持股现象也非常少，高管激励与公司绩效之间的关联度较低（魏刚，2000）。为了有效激励高管，提升上市公司业绩，中国证监会于 2005 年 12 月 31 日发布了《上市公司股权激励管理办法（试行》，在此之后，绩效薪酬激励方式开始在国内上市公司中大范围推广。绩效薪酬的激励方式主要有两类：第一类是高管的货币薪酬中包含与公司业绩相挂钩的奖金；第二类是高管本身持有的非限售性股权，这些股权既包括高管本人在二级市场自行购买的股票，也包括公司股权激励授予的股票。股权激励计划又分为限制性股票授予和期权授予。方军雄（2009）以 2001—2007 年的样本发现，我国上市公司高管的薪酬与业绩显著相关，薪酬业绩敏感度逐年上升。表明业绩薪酬激励已经在我国上市公司中获得实质的推行，并初具成效。这些现实背景一方面为本章的实证研究提供了很好的实验场，另一方面可以看到绩效薪酬的体制从开始推行到现在时间很短，仅 11 年，由于中国资本市场发展快速，各方面的体制设计可能还未成熟就已大范围推广，绩效薪酬机制的推行能否达到既定的效果有充分待验证。

Hass 等（2016）和 Conyon 和 He（2016）是目前仅有的直接

研究中国上市公司高管激励与公司欺诈关系的研究。Hass 等（2016）的研究证明中国上市公司高管持有的股权价值与欺诈有显著的正相关关系，而薪酬与公司欺诈显著的负相关关系，但该研究并未考虑部分可观测问题。Conyon 和 He（2016）以公司欺诈为“因”，高管的报酬为“果”，发现中国上市公司高管的薪酬会在公司曝光欺诈事件后显著的下降。除了以上研究外，相关的研究有罗玫和陈运森（2010）认为企业建立基于会计盈余的薪酬机制不会导致明显的盈余管理，助长管理层的机会主义行为。与 Conyon 和 He（2016）不同的是，本书检验的是发生欺诈的上市公司的高管是否在事前面临更强的激励。面临着更强激励的高管，为了追逐短期的高额激励，可能更倾向于通过欺诈活动维护公司业绩以获取更高的个人收益，导致公司实施欺诈的可能性更高。据此，本章提出如下假设：

假设 H1：上市公司高管持有的货币薪酬与公司实施欺诈的概率显著正相关。

5.1.2　高管持股与上市公司欺诈

除了管理层的货币薪酬，管理层持有的股权价值是绩效薪酬激励的另一种重要形式。管理层持有的股权价值变化，直接与上市公司的股价挂钩，而股价则受到管理层经营活动的影响。管理层持有的股权价值越高，则越有可能通过虚构公司财务信息或重大事实等欺诈手段来维持公司较高的股价，以维护其个人收益，因此，本章提出如下假设：

假设 H2：上市公司高管持有的股份市值与公司实施欺诈的概率正相关。

5.1.3　高管减持与上市公司欺诈

高管对公司的运行状况相比外部股东更加熟悉，当欺诈事件极有可能曝光时，管理层往往会比外部投资者更早掌握这一状况。为了避免财富的损失，高管可能发生显著的股票减持现象。Agrawal 和 Cooper（2015）、Yu 和 Yu（2011）均发现，公司内部人在公司发生财务重述事件前大肆出售股票，并且导致股价下跌，尤其是当重述状况很严重时，出售股票的状况更加明显。因此，本章提出如下假设：

假设 H3：在公司被发现欺诈事件的可能性与高管减持股票的价值显著正相关。

5.1.4 股权激励计划与上市公司欺诈

仅以高管持股为解释变量，无法区分高管股票是直接从二级市场购买还是股权激励计划，因此本书接下来单独检验股权激励计划的实施与上市公司欺诈的关系。目前我国上市公司对高管的股权激励主要有两种形式：限制性股票授予与期权授予。本书关注两个方面对公司欺诈的影响。首先，公司是否已经实施了股权激励计划。股权激励方案一般是首先由董事会提出预案并获得通过，在接下来的几年逐年实施，每年是否实施取决于当年公司业绩是否达到预案提出的标准，第一次实施一般是在提出预案的一年以后。其次，高管获得的股权是否度过了限售期。限制性股票授予一般规定在股权授予高管后，一定期限内高管不得出售这些股票，大部分公司规定的限售期为一年，少部分为两年或两年以上；股票期权在授予高管后可以选择行权或不行权，如果高管选择行权，必须至少在高管获得期权后一年才可，在高管行权后，股票售出的期限不再受到限制。因此，不管是限制性股票还是期权，对于获得股权激励的高管而言，其股票可以售出的期限基本是相同的，均为股权激励计划实施一年以后。本书推测，如果获得股权激励的高管倾向于通过公司欺诈的手段获得更高的私人收益，会保证限售期内公司维持良好的运行，因此在这个期限内公司出现欺诈事件的概率较低，然而可能会在限售期前后通过欺诈手段提升公司的短期业绩，促进股价的短期上涨，方便其在限售期后可以以较高的价格出售股票。因此，本章提出如下假设：

假设 H4：实施股权激励方案的上市公司，与限售期内出现公司欺诈的概率显著负相关。

假设 H5：实施股权激励方案的上市公司，与限售期之后出现公司欺诈的概率显著正相关。

5.2　研究设计

5.2.1　变量与模型设定

（1）变量设定

本章依旧采用 Bivariate probit 估计的方法，具体的估计原理已在上一章进行了具体的阐释，不再赘述，本部分直接讨论具体变量的设定：

①被解释变量 $Z_{i,t}$。当上市公司 i 在 t 年被发现有欺诈活动时，$Z_{i,t}=1$，未被发现有欺诈活动时，$Z_{i,t}=0$。

②解释变量。解释变量为高管激励状况，包括高管的货币薪酬，持股总市值、减持市值以及股权激励状况等。有关高管持股状况，国外大部分研究普遍使用 Core 和 Guay（2002）提出的股权敏感度作为业绩薪酬指标。其方法是使用公司股价乘以高管持股数并乘以 1%，表示股价每变化 1% 高管股权财富的变化程度。本书则直接使用高管持股总市值作为解释变量，其原理是相同的。

③控制变量。控制变量分为 3 类：单独影响公司实施欺诈的因素、单独影响欺诈事件发现过程的因素及同时影响两个过程的因素。

单独影响公司实施欺诈的因素包括：公司的杠杆比率，Li Minwen 等（2015）发现中国上市公司中，发生欺诈的公司比不发生欺诈的公司负债率更高；公司的营利能力，大部分研究认同营利能力较好的公司不易发生欺诈；公司所有权性质，公司控股股东为政府部门还是私人部门；公司的现金状况；是否有两职合一的现象，即公司的 CEO 是否由董事长兼任。

单独影响公司欺诈行为被发现的因素。该类因素往往是欺诈实施的事后因素，因此无法被欺诈的实施者纳入预期。本书考虑了 3 个指标：Jones 和 Weingram（1996）指出股票的异常波动往往可以揭示公司的法律风险，因此本书首先关注“股价的波动率”；其次是“股价的超额收益率”，就欺诈事件而言，股价大幅下跌可能是内部知情人提前抛售股票引起的（Burns 和 Kedia，2008；Agrawal 和 Cooper，2008），往往更容易引起市场和监管者的注意，因此关注公司股价是否发生大幅下跌的情况；再次是“营利能力的异常波动”。Wang（2013）认为 ROA 的实际表现与估计值的差异（超额资产收益率，Abnormal ROA）过大可以揭示公司的欺诈活动。

同时影响两个过程的因素：一是“公司规模”。较大的公司往往治理结构较为完善，发生欺诈的概率较低。从欺诈的发现过程看，大公司往往受到媒体和其他各类市场主体更多的关注，一旦发生欺诈，可能更容易被发现。Dyck 等（2010）在研究上市公司欺诈的监管问题时，认为大公司的部分可观测问题程度非常低，因此将样本限定在资产规模超过 7.5 亿美元以上的公司，后续大量实证研究在选取样本时均参照 Dyck 等（2010）的做法（Khanna 等，2015；Hass 等，2015）。二是“公司的并购活动”。Erikson 等（2011）发现发生欺诈的公司比不发生欺诈的公司更积极地进行并购活动，会把并购活动当作掩饰欺诈的一种策略。但 Wang（2013）认为并购活动是相对公司其他各类指标更易被观察到的公司特征，之所以被发现欺诈的公司并购活动更加活跃，是因为他们更易受到关注从而更容易被发现欺诈。三是“托宾 q 值”。Wang（2013）认为，由于经济周期（Povel 等，2007）的影响，公司欺诈的发生与托宾 q 值有显著的“U”形关系。四是“董事会规模”。Lipton 和 Lorsch（1992）认为规模过大的董事会会导致监督效率降低，影响公司绩效。五是“股权集中度”，刘立国、杜莹（2003）以及梁杰等（2004）均发现股权结构与上市公司财务舞弊行为有显著相关关系。与之相关的变量同时也是本书第 3 章的解释变量。所有变量的名称，及具体定义方式见表 5－1。

表 5－1　　　　　　　　　　变量定义表

变量名称	变量符号	变量度量方法
因变量		
欺诈事件	Z	公司当年被发现有欺诈事件为 1，否则为 0
解释变量		
高管薪酬	Pay	所有高管的薪酬总和并取对数
高管持股	Stock	所有高管持股总市值并取对数
高管减持	Reduction	高管当年减持的股票总市值并取对数
股权激励计划	Incentive	公司当年实施了股权激励计划为 1，否则为 0
控制变量		
资产报酬率	ROA	息税前利润与总资产比值
公司杠杆	Leverage	总负债与总资产比值
董事会规模	Boardsize	董事会总人数并取对数
公司规模	Size	公司资产总额并取对数
托宾 q 比率	Tobin'q	公司市值与资产重置成本之比
国企性质	State	控股股东为国有性质取 1，否则为 0
现金资产	Cash	现金及现金等价物总和与总资产比值
两职合一	Duality	公司 CEO 与董事长为同一人取 1，否则为 0
并购事件	M&A	公司当年和前一年有宣告并购事件为 1，否则为 0
股权集中度	Top10	公司前十大股东持股总和占公司总股本比例

续表

变量名称	变量符号	变量度量方法
超额资产收益率	Ab. ROA	$ROA_{i,t} = \beta_0 + \beta_1 ROA_{i,t-1} + \beta_2 ROA_{i,t-2} + \varepsilon_{i,t}$ 的残差 $\varepsilon_{i,t}$
股价波动率	Volatility	公司月度收益率的波动率
股价暴跌事件	Decline	公司股价收益率在当年所有 A 股股票 10% 分位数以下取 1，否则为 0

（2）模型设定

根据上文对研究方法的讨论和因变量、解释变量及控制变量的选择，检验假设 H1 的估计方程为：

$$F_{i,t} = \beta_0 + \beta_1 Pay_{i,t-1} + \beta_2 Size_{i,t-1} + \beta_3 Boardsize_{i,t-1} + \beta_4 Tobin'q_{i,t-1} + \beta_5 M\&A_{i,t} + \beta_6 ROA_{i,t-1} + \beta_7 Leverage_{i,t-1} + \beta_8 Cash_{i,t-1} + \beta_9 Duality_{i,t-1} + \beta_{10} Top\ 10_{i,t-1} + \beta_{11} Ab.\ ROA_{i,t-1} + \beta_{12} Volatility_{i,t} + \beta_{13} Decline_{i,t} + \varepsilon_{i,t}$$

$$D_{i,t} = \beta_0 + \beta_1 Pay_{i,t-1} + \beta_2 Size_{i,t-1} + \beta_3 Boardsize_{i,t-1} + \beta_4 Tobin'q_{i,t-1} + \beta_5 M\&A_{i,t} + \beta_6 Top\ 10_{i,t-1} + \beta_7 Ab.\ ROA_{i,t-1} + \beta_8 Volatility_{i,t} + \beta_9 Decline_{i,t} + \delta_{i,t}$$

单独估计欺诈事件发现过程的控制变量变量 *Volatility* 和 *Decline* 与因变量 Z 为同期变量，其他自变量皆为滞后 1 期变量，在检验假设 H2 至 H5 时，则依据解释变量的差别，分别将 $Pay_{i,t-1}$ 替换为 $Stock_{i,t-1}$、$Reduction_{i,t}$、$Incentive_{i,t}$ 等。第 3 章的解释变量 $State_{i,t-1}$ 和 $Top10_{i,t-1}$ 在本章的研究中作为控制变量使用。

5.2.2 样本的描述性统计

本章使用的上市公司欺诈样本与上一章相同。2005 年 12 月 31 日，中国证监会发布了《上市公司股权激励管理办法（试行》，这个文件明确了上市公司施行股权激励的一整套办法，提出了已经完成股权分置改革的上市公司可以按照该办法施行股权激励制度，由此将我国的股权激励推向了一个规范和发展的新阶段。因此本书将样本的时间窗口设置为 2006—2016 年。使用的欺诈事件样本与第 3 章相同，此外剔除掉了金融类企业、B 股以及部分数据缺失的样本，最终本章使用的有效样本为 13069 个。表 5 - 2 报告了主要变量的描述性统计情况。第一列为变量符号，第二列至第五列报告了总体样本下各变量的均值、标准差、最小值和最大值。在本章研究使用的样本中，所有上市公司高管总薪酬的平均值为 280.73 万元[①]，最小值 28.55 万元，最大值为 2121.33 万元，高管持股总市值的平均值为 52.95 万元，最小值 0.7 万元，最大值 78.92 亿元。Incentive 的均值为 0.0258，所有样本中实施过股权激励计划的仅占比 2.58%。第六列和第七列按照因变量 Z = 1 和 Z = 0 分组，即发生欺诈事件和为发生欺诈事件下各变量的均值。发生过欺诈的上市公司的高管薪酬均值为 278.5 万元，高管持股平均市值为 98.56 万元，而为发生过欺诈事件的上市公司的薪酬均值为 280.9 万元，可以看出差别主要体现在高管的持股状况。而第七列报告的分组均值差 t 检验 p 值也证明了这一点，薪酬均值差检验的 p 值为 0.7398，并不显著，而持股市值的均值差检验为 0，在 1% 的水平下显著。从其他变量的均值对比看，发生欺诈事件公司的控股股东持股占比、十大股东持股占比、公司总资产、并购事件、国企性质变量、现金资产比、超额资产收益率等变量的均值都小于未发生欺诈事件的公司，而董事会规模、托宾 q 值、杠杆率、两职合一、股价波动率、股价暴跌事件等变量大于未发生欺诈的公司。除了董事会规模和股价暴跌事件变量在 5%（P 值小于 0.05）的水平下显著外，其他变量的均值差均在 1% 的水平下显著（P 值小于 0.01）。

表 5 - 2　　样本描述性统计

变量	总体样本				Z - 0	Z - 1	p 值
	均值	标准差	最小值	最大值	均值	均值	
Pay	5.6374	0.8212	3.3515	7.6598	5.6382	5.6294	0.7398

① 表 4 - 2 报告的是对数化后的结果，在此将其还原。

续表

变量	总体样本				Z = 0	Z = 1	p 值
	均值	标准差	最小值	最大值	均值	均值	
Stock	3.9695	4.2279	-0.3568	13.5789	3.9058	4.5907	0
Incentive	0.0258	0.1585	0	1	0.0244	0.0395	0.0031
ROA	0.0317	0.0682	-0.2923	0.2313	0.0337	0.0125	0
Leverage	0.4859	0.2372	0.0349	1.5155	0.4808	0.535	0
Cash	0.1349	0.1174	0.0012	0.7233	0.1363	0.1212	0.0001
State	0.5889	0.4821	0	1	0.6041	0.4403	0
Duality	0.1484	0.3555	0	1	0.1448	0.1834	0.0007
Size	10.2223	1.2421	7.1775	13.8044	10.2467	9.9852	0
Boardsize	2.2616	0.2349	1.3094	2.8904	2.2599	2.2778	0.018
Tobin'q	2.0326	1.9618	0.2153	12.3898	2.0151	2.2033	0.0029
M&A	0.6	0.4899	0	1	0.4874	0.6116	0
Top10（%）	54.1138	15.6798	21.33	94.67	54.3361	51.9443	0
Ab. ROA（%）	-1.0162	5.5271	-16.6472	7.0814	-1.075	-0.4388	0.0003
Volatility（%）	7.3263	2.9166	2.9892	17.9945	7.2728	7.8486	0
Decline	0.0898	0.2859	0	1	0.0877	0.1101	0.0153

5.3 实证结果分析

5.3.1 高管薪酬与上市公司欺诈

为了减少异常值对回归系数的影响，本书对样本分布两侧的极端值进行1%水平的Winsorize处理。表5-3报告了高管薪酬与上市公司欺诈的实证结果，共有两组回归模型（1）和模型（2）。模型（1）的解释变量为前五名高管薪酬的总和并取，模型（2）的解释变量进行了标准化处理，用所有公司所有高管的薪酬除以公司

的总资产得到。每组回归结果分成两列汇报，第一列 P（F）下的系数表示各变量对于公司实施欺诈概率的影响，第二列 P（D | F）下的值表示各变量对公司实施欺诈后被发现的条件概率的影响系数。每个自变量的回归结果分为两行，第一行为参数估计结果，第二行括号内为稳健标准误。根据表 5－3 回归结果显示，不论是高管薪酬的绝对值（取对数）还是高管薪酬占总资产的比例均在 5% 的水平下显著提高了公司欺诈的概率，Pay 的回归系数分别为 0.107 和 0.103，相差不大。实证结果与假设 H1 相符，表明发生欺诈事件的上市公司高管在事前确实面对着更强的激励，绩效薪酬的激励机制提高了公司高管实施欺诈的可能性。该结论与 Hass 等（2016）的结论相反，可能主要是样本差异造成。Hass 等（2016）的样本时间窗口为 2000—2010 年，而 2005 年之前大部分上市公司采取的是固定薪酬制，绩效薪酬的激励方式并没有大范围推行，此外可能与使用的估计方法不同有关，该研究使用的通过样本配对的条件 logit 估计，而本书采用全样本的 Bivariate Probit 估计。

表 5－3　　　　高管薪酬与上市公司欺诈

变量	模型（1）		模型（2）	
	P（F）	P（D丨F）	P（F）	P（D丨F）
Pay	0.1070**		0.1030**	
	(0.0422)		(0.0415)	
ROA	－1.6040***		－1.5930***	
	(0.5070)		(0.5100)	
Leverage	0.9030***		0.9070***	
	(0.2670)		(0.2720)	
Cash	－0.5130**		－0.5120**	
	(0.2530)		(0.2540)	
State	－0.4540***		－0.4550***	
	(0.1050)		(0.1080)	

续表

变量	模型（1）		模型（2）	
	P（F）	P（D| F）	P（F）	P（D| F）
Duality	0.0809 (0.0702)		0.0818 (0.0705)	
Size	-0.3060*** (0.0769)	0.1740*** (0.0661)	-0.2040** (0.0820)	0.1740*** (0.0657)
Boardsize	0.1140 (0.2170)	0.1380 (0.1650)	0.1080 (0.2190)	0.1440 (0.1650)
Tobin'q	0.1140*** (0.0412)	0.0332 (0.0247)	0.1140*** (0.0413)	0.0329 (0.0245)
M&A	-0.0579 (0.1920)	0.1240 (0.1410)	-0.0569 (0.1930)	0.1250 (0.1400)
Topten	0.0188*** (0.0056)	-0.0182*** (0.0040)	0.0189*** (0.0056)	-0.0182*** (0.0040)
Ab. ROA		0.0059 (0.0042)		0.0059 (0.0042)
Volatility		0.0040 (0.0080)		0.0039 (0.0079)
Decline		0.1420** (0.0659)		0.1420** (0.0661)
Constant	0.8060 (1.1310)	1.2340 (0.7560)	0.8550 (1.1290)	-1.2540* (0.7480)
Observations	13069		13069	
Wald chi2	201.41		199.48	
Prob > chi2	0.0000		0.0000	
Log Likelihood	3882.5302		3882.7612	

注：第1列为自变量，模型（1）的解释变量Pay为高管薪酬总和的对数值，模型（2）的解释变量Pay变为高管薪酬总和除以公司总资产。各变量定义见表5-1。每个自变量对应两行结果，第一行为参数估计值，第二行括号内表示的是稳健标准误。*、**、***分别表示在10%、5%、1%的显著性水平下显著。

5.3.2　高管持股与上市公司欺诈

接下来以高管持有的股权市值为解释变量，研究其与欺诈事件变量 Z 的关系。回归结果见表 5-4 的模型（3）。高管持股市值定义为变量 Stock，表示全部高管持有的市值总和并取对数。从回归结果看，Stock 在 1% 的显著性水平下与欺诈事件变量 Z 正相关，影响系数为 0.0221，与假设 H2 相符，而控制变量回归结果的显著性与正负关系与模型（1）、模型（2）也基本相同。回归结果表明，发生欺诈事件的公司的高管在事前往往持有更多公司的股票，高管有可能为了维护个人的收益，通过欺诈手段维持公司的股价。

5.3.3　高管减持与上市公司欺诈

表 5-4 的第一组回归模型（3）检验的是在欺诈事前，发生欺诈事件公司的高管持有的股权市值更高，从而诱导其更多地参与欺诈，而第二组回归模型（4）则验证假设 H3，在公司发生欺诈事件后，是否高管有明显的减持现象。国泰安数据库记录了高管本人及本人亲属持股的变动状况。由于引起股票增持的因素很多，而且从理论上讲，如果高管知道公司发生了欺诈，不可能引发其本人和亲属的增持状况，因此为了排除其他因素的干扰，仅统计了所有高管和高管亲属减持股票的状况。本书将所有的减持状况汇总，计算其减持的总市值（正值）并取对数，将其定义为变量 Reduction。因变量仍为欺诈事件 Z，但与之前回归的解释变量均为滞后一期变量不同的是，因变量与解释变量是同期变量，因变量 Z_t 对应解释变量 $Reduction_t$。回归结果见表 5-4 中的模型（4）。Reduction 的回归系数为 0.029，显著性水平也达到 5%。这表明公司发生欺诈事件与高管减持现象正向相关，公司高管减持的股权价值越高，Z=1 的可能性越高。由于高管对公司的信息更加了解，在进行欺诈后，知道欺诈事件终将曝光，股价会因此下跌，因此会有显著减

持行为。这与 Agrawal 和 Cooper（2015），Yu 和 Yu（2011）等人的结论基本一致。

表 5-4　　　　高管持股与上市公司欺诈

变量	模型（3）		模型（4）	
	P（F）	P（D丨F）	P（F）	P（D丨F）
Stock	0.0221*** （0.0067）			
Reduction			0.0290** （0.0127）	
ROA	-1.3540*** （0.4310）		-0.7030 （0.5070）	
Leverage	0.8020*** （0.2290）		0.4720*** （0.1430）	
Casht	-0.4300** （0.2150）		-0.3840 （0.2850）	
State	-0.3420*** （0.0832）		-0.1180* （0.0666）	
Duality	0.0696 （0.0623）		0.1570* （0.0833）	
Size	-0.2950*** （0.0727）	0.1920*** （0.0638）	0.1020 （0.1620）	0.3360 （0.2120）
Boardsize	0.1040 （0.2040）	0.1390 （0.1620）	0.1950 （0.2490）	-0.1900 （0.4350）
Tobin'q	0.0984** （0.0411）	-0.0340 （0.0259）	-0.0090 （0.0318）	0.0752 （0.0897）
M&A	-0.0729） （0.1870）	-0.0952 （0.1470）	-0.2130 （0.2680）	0.0561 （0.5060）
Topten	0.0189*** （0.0050）	-0.0190*** （0.0039）	0.0133** （0.0067）	-0.0294* （0.0170）
Abnormal ROA		0.0050 （0.0038）		-0.0529 （0.0399）

续表

变量	模型（3）		模型（4）	
	P（F）	P（D｜F）	P（F）	P（D｜F）
Volatility		0.0009 (0.0069)		0.3780 (0.2580)
Decline		0.1290** (0.0606)	-0.0133** (0.0067)	0.0294* (0.0170)
Constant	1.3120 (1.0290)	-1.2960* (0.7660)	-1.5050 (1.6370)	3.1510 (2.8790)
Observations	13092		3294	
Wald chi2	174.95		66.72	
Prob > chi2	0.0000		0.0000	
Log Likelihood	(3893.7893)		(1078.2020)	

注：第 1 列为自变量，模型（3）的解释变量 Stock 表示公司高管持有股权的总价值并取对数，模型（4）的解释变量 Ruduction 表示当年公司高管及与高管相关的亲属减持股权价值的总和并取对数。其他各变量定义见表 5-1。每个自变量对应两行结果，第一行为参数估计值，第二行括号内表示的是稳健标准误。*、**、*** 分别表示在 10%、5%、1% 的显著性水平下显著。

5.3.4　股权激励与上市公司欺诈

接下来关注股权激励计划的实施与上市公司欺诈的关系。表 5-5中模型（5）第一列的解释变量为 Incentive，如果上市公司当年实施了股权激励方案，则 Incentive 为 1，否则为 0，表示公司实施股权激励与当年公司欺诈变量 Z 的关系。由于大部分股权激励，不管是限制性股票激励还是股票期权激励，限售期或行权期均为 1 年，即在股权激励实施一年后，高管可以出售由股权激励计划而获得的股票，因此模型（6）生成 Incentive 的滞后 1 期变量，表示当高管可以出售股票时，公司是否实施过股权激励与欺诈变量 Z 的关系，同理，表 5-6 模型（7）生成滞后两期变量，模型（8）生成滞后三期变量，分别考察公司实施股权激励与两年后、三年后欺诈事件变量 Z 的关系。从模型（5）的结果看，Incentive 的回归系数为负，公司实施股权激励与当年出现的欺诈事件关系为反向影响，与假设 H4 相符，但是结果并不显著。模型（6）、模型（7）、模型（8）中 Incentive 的回归系数皆为正，这表明公司授予高管的股权激励在经过限售期后与公司欺诈事件变量 Z 正相关，其中模型（6）的显著性水平为5%，模型（6）不显著，模型（7）的显著性水平为 10%。上述结果表明股权激励计划的实施与公司欺诈事件显著的正相关，并且这一关系主要体现在股权激励计划实施后的。大部分股权激励计划中限售性股票的限售期或期权行权期为 1 年，基于模型（6）的结果可以推断被激励的高管很可能在限售期或行权期刚结束就急于出售手中股权，那么股权激励计划实施后的 1 年可能是公司高管最有可能实施欺诈活动的敏感期，应当引起监管者和投资者的重视。

表 5-5　　股权激励计划与上市公司欺诈（1）

变量	模型（5）		模型（6）	
	P（F）	P（D|F）	P（F）	P（D|F）
Incentive	-0.0159 (0.1520)			
Incentive （滞后 1 期）			0.418** (0.1720)	
ROA	-1.337*** (0.4370)		-1.358*** 0.4360)	
Leverage	0.845*** (0.2200)		0.818*** (0.2160)	
Cash	-0.409* (0.2400)		-0.428* (0.2360)	
State	-0.276*** (0.0551)		-0.259*** (0.0556)	

续表

变量	模型（5）		模型（6）	
	P（F）	P（D丨F）	P（F）	P（D丨F）
Duality	0.126 * (0.0697)		0.122 * (0.0688)	
Size	-0.197 * (0.1030)	0.1010 (0.0766)	-0.203 ** (0.1010)	0.1050 (0.0765)
Boardsize	0.1370 (0.2110)	0.1210 (0.1600)	0.1340 (0.2140)	0.1200 (0.1610)
Tobin'q	0.148 *** (0.0533)	-0.0516 * (0.0304)	0.141 *** (0.0545)	-0.0503 * (0.0306)
M&A	-0.0094 (0.2360)	-0.1690 (0.1740)	-0.0155 (0.2310)	-0.1580 (0.1710)
Topten	0.0180 *** (0.0058)	-0.0176 *** (0.0039)	0.0179 *** (0.0058)	-0.0175 *** (0.0040)
Abnormal ROA		0.00702 * (0.0040)		0.0068 * (0.0039)
Volatility		0.0044 (0.0076)		0.0035 (0.0073)
Decline		0.145 ** (0.0618)		0.144 ** (0.0611)
Constant	0.1290 (1.3200)	-0.4470 (0.9460)	0.2720 (1.3230)	-0.4880 (0.9390)
Observations	12998		12998	
Wald chi2	179.55		163.49	
Prob >chi2	0.0000		0.0000	
Log Likelihood	3876.0938		3872.9025	

注：第1列为自变量，模型（5）的解释变量Incentive，若公司当年实施了股权激励计划则为1，否则为0，模型（6）的解释变量为Incentive的滞后1期变量，用以估计公司实施股权激励计划1年后对公司欺诈事件变量Z的影响。其他各变量定义见表5-1。每个自变量对应两行结果，第一行为参数估计值，第二行括号内表示的是稳健标准误。*、**、***分别表示在10%、5%、1%的显著性水平下显著。

表 5-6　　股权激励计划与上市公司欺诈（2）

变量	模型（7）		模型（8）	
	P（F）	P（D丨F）	P（F）	P（D丨F）
Incentive （滞后 2 期）	0.1920 （0.1680）			
Incentive （滞后 3 期）			0.332 * （0.1880）	
ROA	-1.360 *** （0.4390）		-1.325 *** （0.4330）	
Leverage	0.851 *** （0.2260）		0.822 *** （0.2100）	
Cash	-0.420 * （0.2410）		-0.402 * （0.2340）	
State	-0.272 *** （0.0549）		-0.264 *** （0.0551）	
Duality	0.124 * （0.0702）		0.122 * （0.0680）	
Size	-0.205 ** （0.1020）	0.1060 （0.0744）	-0.201 ** （0.0998）	0.1020 （0.0725）
Boardsize	0.1370 （0.2120）	0.1240 （0.1600）	0.1240 （0.2110）	0.1260 （0.1580）
Tobin'q	0.143 *** （0.0529）	-0.0491 （0.0308）	0.146 *** （0.0500）	-0.0521 * （0.0294）
M&A	-0.0127 （0.2320）	-0.1660 （0.1710）	0.0037 （0.2220）	-0.1720 （0.1630）
Topten	0.0182 *** （0.0058）	-0.0178 *** （0.0038）	0.0181 *** （0.0058）	-0.0175 *** （0.0040）
Abnormal ROA		0.00693 * （0.0040）		0.00683 * （0.0039）

续表

变量	模型（7）		模型（8）	
	P（F）	P（D丨F）	P（F）	P（D丨F）
Volatility		0.0038 (0.0075)		0.0034 (0.0073)
Decline		0.147 ** (0.0621)		0.142 ** (0.0596)
Constant	0.2260 (1.3090)	-0.5110 (0.9370)	0.2210 (1.2690)	-0.4510 (0.9040)
Observations	12998		12998	
Wald chi2	179.55		176.32	
Prob > chi2	0.0000		0.0000	
Log Likelihood	-3876.0983		-3874.9647	

注：第 1 列为自变量，模型（7）的解释变量 Incentive 的滞后 2 期变量，模型（8）的解释变量为 Incentive 的滞后 3 期变量，以估计公司实施股权激励计划 2 年、3 年后对公司欺诈事件变量 Z 的影响。其他各变量定义见表5 -1。每个自变量对应两行结果，第一行为参数估计值，第二行括号内表示的是稳健标准误。*、**、*** 分别表示在 10%、5%、1% 的显著性水平下显著。

5.3.5　稳健性检验

关于高管薪酬与公司欺诈的关系，本章在稳健性检验中将解释变量由全体高管薪酬的总和替换为公司前 3 名高管的薪酬总和并取对数，回归结果如表 5 -7 的模型（9），解释变量仍然在 5% 的显著性水平下与公司实施欺诈的概率正相关，影响系数为 0.0916，结果与模型（1）基本相同；为了检验高管持股与公司欺诈的关系，本书将解释变量由全体高管持股市值替换为公司所有董事会成员持股并取对数，但样本大幅减少，只有 6409 个，由表 5 -7 的模型（10）报告。回归结果显示，解释变量 Stock 仍然在 1% 的显著性水平与公司实施欺诈的概率正相关，影响系数为 0.0457，结果与模型（3）基本相同。此外，本书还将解释变量 Stock 的数据替换为监事会成员持股总和，结果依旧显著。表明本书的回归结果稳健。此外，本书还应用基于样本配对的条件 logit 估计对所有假设进行重新检验，对于发生欺诈事件即 Z = 1 的样本，选择Z = 0、相同行业的企业进行配对，然后应用条件 logit 回归进行估计，结果由表 5 - 8 报告，回归结果与本书的主要结论基本一致。

表 5 - 7　前三名高管薪酬、董事会成员持股与公司欺诈（稳健性检验）

变量	模型（9）		模型（10）	
	P（F）	P（D丨F）	P（F）	P（D丨F）
Pay （前三名高管）	0.0916*** （0.0368）			
Stock （董事持股）			0.0457*** （0.0112）	
ROA	-1.533*** （0.4550）		-0.6720 （0.5140）	
Leverage	0.8410*** （0.2190）		0.7530*** （0.1970）	
Cash	-0.5130** （0.2460）		-0.5390* （0.2780）	
Soe	-0.2640*** （0.0548）		-0.2400*** （0.0698）	
Duality	0.1050 （0.0676）		0.0256 （0.0723）	
Size	-0.2320** （0.0994）	0.1120 （0.0735）	-0.1480 （0.1160）	0.0961 （0.1220）
Boardsize	0.1310 （0.2110）	0.1250 （0.1610）	0.1950 （0.3270）	0.1120 （0.3350）
Tobin'q	0.1430*** （0.0495）	-0.0494* （0.0297）	0.1360** （0.0631）	-0.0831 （0.0520）
M&A	0.0123 （0.2210）	（0.1800） （0.1650）	0.0608 （0.3060）	-0.2330 （0.3240）
Topten	0.0181*** （0.0057）	-0.0178*** （0.0040）	0.0156* （0.0080）	-0.0199** （0.0083）

续表

变量	模型（9）		模型（10）	
	P（F）	P（D|F）	P（F）	P（D|F）
Ab. ROA		0.0067 *		0.0059
		(0.0040)		(0.0076)
Volatility		0.0041		-0.0139
		(0.0076)		(0.0110)
Decline		0.1480 **		0.1960 **
		(0.0615)		(0.0949)
Constant	0.0929	-0.5400	-0.7910	0.3560
	(1.2540)	(0.9110)	(1.4890)	(1.5320)
Observations	12931		6409	
Wald chi2	180.30		98.52	
Prob > chi2	0.0000		0.0000	
Log Likelihood	-3840.2683		-1883.3354	

注：本表为稳健性检验的结果。第 1 列为自变量，模型（9）的解释变量 Pay 替换为公司前三名高管的薪酬总和并取对数，模型（10）解释变量替换为所有董事会成员持股总和并取对数。其他各变量定义见表5-1。每个自变量对应两行结果，第一行为参数估计值，第二行括号内表示的是稳健标准误。*、**、*** 分别表示在 10%、5%、1% 的显著性水平下显著。

表 5-8　　高管激励与上市公司欺诈的稳健性检验

变量	条件 logit 估计			
Pay	0.154 ***			
	(0.0555)			
Stock		0.0264 ***		
		(0.0074)		
Reduction			1.15e-06 ***	
			(0.0000)	
Incentive（滞后 1 期）				0.361 *
				(0.1930)

续表

变量	条件 logit 估计			
ROA	-2.773*** (0.7050)	-2.784*** (0.7080)	-2.105** (0.9390)	-2.699*** (0.7130)
Leverage	0.780*** (0.1630)	0.831*** (0.1690)	0.943*** (0.1910)	0.784*** (0.1660)
Cash	-0.616** (0.3130)	-0.635* (0.3250)	-0.5900 (0.3850)	-0.588* (0.3210)
State	-0.671*** (0.0911)	-0.591*** (0.0939)	-0.799*** (0.1130)	-0.660*** (0.0873)
Duality	0.0744 (0.1080)	0.0604 (0.1050)	0.0022 (0.1370)	0.0825 (0.1060)
Size	-0.173*** (0.0465)	-0.165*** (0.0401)	-0.130*** (0.0495)	-0.139*** (0.0375)
Boardsize	0.440*** (0.1400)	0.492*** (0.1320)	0.492*** (0.1510)	0.515*** (0.1320)
Tobin'q	-0.0174 (0.0174)	-0.0221 (0.0178)	-0.0041 (0.0278)	-0.0194 (0.0174)
M&A	-0.424*** (0.0736)	-0.430*** (0.0748)	-0.434*** (0.0921)	-0.438*** (0.0746)
Ab. ROA	0.0205*** (0.0067)	0.0211*** (0.0067)	0.0173* (0.0092)	0.0227*** (0.0068)
Volatility	0.0252** (0.0125)	0.0180 (0.0127)	0.0071 (0.0140)	0.0199 (0.0126)
Decline	0.336*** (0.1090)	0.327*** (0.1090)	0.352*** (0.1260)	0.337*** (0.1100)
Observations	11280	11301	7482	11301
Wald chi2	509.81	420.2	354.09	450.9
Prob > chi2	0.0000	0.0000	0.0000	0.0000
Log Likelihood	-3163.8017	-3180.8035	-2109.3963	-3183.0881

注：本表为稳健性检验的结果。*、**、***分别表示在10%、5%、1%的显著性水平下显著。

5.4　本章小结

本章以中国 A 股上市公司 2006—2016 年的样本为证据，充分检验了高管激励与上市公司欺诈之间的关系。研究结果发现，公司高管的薪酬、持有股票的价值均与上市公司实施欺诈的可能性显著正相关，如同本章开头提及的 Wall Street Journal 的调查一样，我国上市公司的高管同样存在严重的追求短期激励的倾向，导致公司实施欺诈的可能性更高。此外，本书还检验了股权激励计划的实施与上市公司欺诈的关系，发现上市公司在实施股权激励计划后，限售期内公司欺诈并无显著的变化，但在限售期结束后，公司发生欺诈的可能性显著提高，并且这一效应在限售期刚结束时最为明显，这表明股权激励计划的实施不仅导致了公司更多地参与欺诈，而且揭示了高管“急功近利”、急于减持手中股票的现象，并由此可以推断，在股权激励计划实施之后与限售解禁之前的这段时间是上市公司最有可能实施欺诈的敏感期，监管方和投资者应对此高度重视。根据本章研究结论本书相应提出以下建议：

（1）优化公司绩效的评价体系。上市公司将公司绩效与管理层激励挂钩时，对公司绩效的评价不应过于简单化，例如仅仅依据公司的营收增长率、利润增长率等单一指标来评价高管的表现，而应更加深入地考察高管的经营活动是否有利于公司的长远发展，是否存在以透支公司未来为代价而维持公司短期繁荣的问题与隐患。

（2）适当延长高管离职后限制减持股票的期限。按照当前规定，上市公司高管在离职后半年可以减持原有上市公司的股票。有些欺诈活动从发生到发现往往超过半年时间，如果高管在任内实施了欺诈活动，那么其在减持时由于欺诈活动尚未被发现，仍可在股价的高点实现减持，获得不菲收益。减持期限的延长使高管预期无法在欺诈活动曝光前成功减持，可能会降低其实施欺诈活动的可能性。

（3）从大部分上市公司的股权激励计划方案来看，限售期或行权期过短的特征十分明显。因此，建议为了上市公司的长远发展，延长股权激励计划期限。由于高管通过股权激励计划获得股票的成本一般远低于二级市场买入股票的成本，建议对该类股票的出售进行严格的限制，以较高的分红比例作为补偿，真正将高管的私人收益与公司的长远发展绑定。

证券分析师与上市公司欺诈

证券分析师（以下简称“分析师”）是依法取得证券投资咨询职业资格，在证券经营机构就业，并向特定或不特定投资者提供上市公司研究报告及投资建议的专业人士。随着我国证券市场的发展，分析师人数快速增长。截至 2014 年底，取得证券投资咨询职业资格的分析师人数已达 2866 人，2015 年底为 2350 人[①]。分析师基于其工作性质，具有信息、人脉和专业能力等方面的优势，是对资本市场有着较强影响力的独特群体。近年来，随着我国金融市场及信息科技技术的快速发展，分析师由过去仅向特定机构投资者提供研究报告与投资建议，扩展至通过电视、广播、移动互联网终端等媒体发布个人观点，其对中小投资者进而对整个资本市场的影响力与日俱增。

分析师作为信息中介，既可以通过对上市公司的信息收集形成研究报告并公开发布，降低上市公司与投资者之间的信息不对称程度，较好地扮演外部监督者的角色，保证公司治理机制的有效运行（Jensen 和 Meckling，1976；Healy 和 Palepu，2001；李春涛等，2014），也可能基于个人的利益考虑，在一定程度上隐瞒对公司不利的信息，扭曲上市公司与投资者之间的信息传递，导致股价高估

① 数据来自《中国证券业发展报告 2016》，中国证券业协会。2015 年人数的减少可能是由于当年股市出现异常波动造成的。

现象（潘越等，2011；Doukas 和 Pantzalis，2005；许年行等，2012；Dechow 等，2000）。分析师是否能有效地发挥外部监督者的作用与本国金融发展程度息息相关（Degeorg 等，2013）。在我国当前的发展阶段下，学界既发现分析师可以提高股价的信息含量，减少企业的盈余管理，促进企业创新等积极作用（朱红军等，2007；李春涛等，2014；陈钦源等，2017），同时也发现分析师存在为承销商托市，提高股价崩盘风险等负面现象（潘越等，2011；许年行等，2012），对分析师的公司治理作用莫衷一是。随着近年来“欣泰电气”“长生生物”“康美药业”等案件的暴发，上市公司欺诈愈发引起监管层和广大社会公众的关注和重视，但目前尚未有文献就分析师与上市公司欺诈的关系进行探讨。

本章继续以 2006—2016 年中国 A 股上市公司为样本，应用考虑部分可观测的 Bivariate - Probit 估计方法，同时考察欺诈事件的发生和发现两个过程，全面检验了证券分析师与上市公司欺诈之间的关系。研究结果表明，证券分析师与上市公司欺诈之间存在一种“护犊”现象。一方面证券分析师可有效监督上市公司，抑制上市公司的欺诈倾向，体现出积极的治理作用；另一方面却显著降低了上市公司欺诈活动被发现的概率，存在扰乱监管的嫌疑。进一步研究发现，股市周期弱化了分析师的监督效应和掩盖效应，上市公司的并购活动强化了分析师的掩盖效应。考虑内生性后，本书的主要结论依然成立。证券分析师真正关心的是上市公司是否发生了“欺诈事件”，而非是否发生了“欺诈”。

6.1 理论分析与研究假设

6.1.1 分析师与上市公司欺诈的发生

尽管市场上存在证券监管部门、交易所、公司股东等，传统理论认为可有效监管上市公司的主体（Coffee，1986；La Porta 等，2006）。然而，Dyck 等（2010）提出正如欺诈是行为人事前对私人预期收益高于预期成本的理性决策（Beck，1968），私人激励在监管活动中同样起着非常重要的作用。当对上市公司的监管能够获得足够的激励，市场主体就会有效地监管上市公司。这种激励理论同样适用于分析师，如果其推荐的公司发生欺诈事件，股价就有可能暴跌，这对分析师本人的声誉、职业生涯将造成极为不利的影响。因此，不管对于已经发生的欺诈活动持怎样的态度，大多数情况下分析师在事前不希望公司内部发生欺诈活动，这就从根源上减少了发生欺诈事件的可能性。郑建明等（2015）已发现分析师跟踪度越高的上市公司发生业绩预告违规的概率越低。此外，分析师不只有抑制公司欺诈倾向的主观意愿，他们同时也具备这种能力。与大部分投资者甚至是公司的管理层相比，分析师对上市公司的状况和发展前景有更深入的了解。分析师既懂财务知识，又对公司所处行业长期关注，面对现代企业越来越厚的财务报表，分析师是少有的既有能力又有耐心认真阅读这些报表的人群（李春涛等，2014）。分析师一般对所关注的上市公司保持长期跟踪，不会轻易更换。跟踪的形式包括定期走访，尽职调查，电话会议等，并对管理层的行为和公司财务报表的变化随时保持警惕。这种跟踪行为会给予公司管理层一种外部监督的压力（Healy 和 Palepu，2001；郑建明等，2015），使其不敢轻易实施欺诈行为。因此，综合激励动机和个人能力，分析师对上市公司可以发挥有效的监督作用，显著抑制公司的欺诈倾向，减少公司欺诈的发生。为此，本章提出第 1 个待检验假设。

假设 H1：上市公司的分析师关注度越高，实际发生欺诈的概率越低。

6.1.2　分析师与上市公司欺诈的发现

尽管分析师对上市公司的关注可能会抑制上市公司实施欺诈活

动，发挥积极的治理作用。然而，当分析师已经知悉公司内部发生了欺诈活动，同样出于私人激励的考虑（Dyck 等，2010），可能会通过发布有偏的分析报告，影响投资者对上市公司的认知，进而最大程度的避免欺诈事件曝光。许年行等（2012）的研究发现分析师会倾向于隐瞒上市公司的负面消息。对于公司信息的隐瞒行为虽然很难给出直接证据，但可以较容易发现我国分析师普遍会过于乐观地估计上市公司的状况。不论我国股市实际状况如何，偏积极的研究报告占绝大多数是市场常态。以 Wind 数据库记录的 2016 年分析师研报情况为例，2016 年 1—11 月，国内各证券公司分析师共出具了 14992 份报告，其中提示“卖出”和“减持”的仅 49 份，“中性”和“观望”249 份，其余均为“持有”“增持”和“强烈推荐”等，占比高达 98%。

本书认为分析师有可能倾向于隐瞒对公司不利的信息，发布偏积极的研报，进而降低公司欺诈被发现的概率：

首先，分析师的私人收益受制于市场其他主体的利益。分析师一旦出具对公司不利的研报，将面临来自上市公司及其所属证券公司或投行等利益相关方的巨大压力。吴超鹏等（2013）发现为了维护与机构投资者、上市公司管理层及公司内部投行部门的关系，国内的分析师倾向于发布偏乐观的研报，即使是声誉较高（进入“新财富”排名）的分析师也不能例外。张雪兰和何德旭（2008）认为分析师为了能获得最有价值的第一手信息，需要与上市公司管理层保持良好的关系，但如果其发布不利于公司的消息，可能使这种关系难以维持。Hong 和 Kubik（2003）认为出于个人职业生涯的考虑，分析师为避免影响工作机会或升迁会对上市公司业绩做出有偏误的预测，倾向于发布乐观报告的分析师更容易跳槽到更好的投资银行。

其次，有利的信息往往促使公司股价上涨，不利的信息促使股价下跌，而就目前的国内市场环境和交易机制而言，分析师只能从公司股价的上涨中获得私人收益。一方面，分析师通过提高其推荐股票的交易量，可以从证券公司获得相应的分仓佣金收入，一般只有持续上涨的股票才能保持较高的交易量；另一方面，从国内较有影响力的“新财富”和“水晶球”等证券分析师排行榜来看，排行榜的选票一般掌握在机构投资者手中，而机构投资者最看重，甚至是唯一看重的就是分析师推荐股票的上涨幅度。

最后，我国资本市场目前还缺乏足够的做空手段，使投资者很难从股价下跌中获益，也是重要的原因。尽管自2010年起我国施行了融资融券制度，但由于可借出证券不足，融资限额远高于融券限额，在大部分交易日的实际成交额中，融资成交量也远高于融券成交量。发达国家一般做空手段较为丰富，因此诞生了一批著名的做空机构，如浑水、香橼等①，这些机构往往通过揭露上市公司存在的问题获得巨额的收益，而我国尚不具备这样的市场环境。

综上而言，本书认为分析师由于受到各利益相关方的压力，以及当前我国资本市场环境的制约，更倾向于发布对公司有利的报告，隐瞒对公司不利的信息。就公司欺诈而言，分析师可能存在掩盖效应，通过发布偏积极乐观的报告，引导投资者预期，降低欺诈活动被发现的概率。据此提出待检验假设H2。

假设H2：上市公司的分析师关注度越高，公司欺诈被发现的概率越低。

6.1.3　股市周期对分析师行为的影响

分析师可能通过发布有偏的分析报告，影响投资者对上市公司的认知程度，进而降低上市公司欺诈活动被发现的概率。除了上市

① 浑水机构（Muddy Waters）与香橼（Citron）均为美国著名做空机构，一般通过进行研究、尽职调查等发现有问题的公司，向市场出具做空报告，打压股价，从公司股价的下跌中获利。

公司自身的状况，投资者认知还同上市公司所处的环境因素息息相关。Wang 等（2010）和 Povel 等（2007）发现经济周期影响投资者对上市公司的认知程度，在经济较好的时候，投资者认为公司即使处于困境也只是暂时的，会放松对上市公司的监督，而当经济周期下行时，更凸显出公司个体质量的重要性，投资者会对公司进行更加严格的监督。我国上市公司的股价与大盘指数关联度极高，投资者行为显著地受到股市周期的影响，公司股价严重脱离基本面的现象屡见不鲜（尤其是在股市上涨的时候）。因此，就中国的上市公司而言，股市周期相比经济周期对投资者认知的影响可能更加显著，而投资者认知的变化可能反过来影响了分析师的行为。具体而言，当股市周期较好时，投资者“热情高涨”，主要关注股价的系统性风险，降低对单个上市公司的监管密度。在这种状况下，公司欺诈事件更不容易被发现，分析师对欺诈事件曝光的担忧程度降低，因此其对于降低上市公司欺诈倾向和欺诈曝光的作用均相应的减弱。本书将采取两个指标表征股市周期。首先是托宾 q 值，Wang 等（2010）的研究采用托宾 q 值来表征股市周期，发现上市公司实施欺诈的倾向与托宾 q 值有显著的正相关关系。其次，参考许年行等（2012），以大盘收益率与无风险收益率差值为标准，通过界定每一年为“牛市”还是“熊市”，构建虚拟变量表征股市周期。据此，本章提出待检验假设 H3。

假设 H3a：托宾 q 值越大，分析师关注度与上市公司欺诈发生和被发现的负相关关系越弱。

假设 H3b：当股市为“牛市”时，分析师关注度与上市公司欺诈发生和被发现的负相关关系越弱。

6.1.4　上市公司并购活动对分析师行为的影响

并购活动是上市公司经营活动中极其重要的事项，对公司发展有巨大的影响。韩洁等（2016）的研究表明分析师对于上市公司并购绩效有显著的影响。同时部分研究发现并购活动又与上市公司欺诈有显著的相关关系。Erikson 等（2011）发现发生欺诈的公司比不发生欺诈的公司更积极地进行并购活动，会把并购活动当作掩饰欺诈的一种策略。而 Wang（2013）认为近期参与并购活动的公司会更加吸引市场的关注，因此欺诈活动会更容易被发现。此外，我国上市公司的并购活动存在显著的宣告效应，公司股价因并购活动可获得显著的超额收益率（宋希亮等，2008）。因此，一方面分析师担心并购期间上市公司因受到更多的关注而导致欺诈活动更容易被发现，另一方面并购活动的顺利推进可能带来的股价上涨可以提高分析师的收益。本书推测，相比没有进行并购活动的上市公司，分析师会会付出更多努力掩盖公司的欺诈活动。因此，本章提出待检验假设 H4。

假设 H4：上市公司近期如果发生并购活动，分析师关注度与欺诈事件被发现概率的负相关关系更强。

6.1.5　分析师报告的盈余预测偏差与上市公司欺诈

在前文的理论分析中，本书认为证券分析师发布偏积极的研究报告和选择隐瞒上市公司的不利信息实际上是一枚硬币的两面，共同体现了分析师对于信息发布的选择倾向。因此，接下来拟检验分析师的盈利预测是否与上市公司欺诈之间存在显著的相关关系。按照假设 H2，如果分析师存在显著的掩盖公司欺诈的倾向，那么为了引导投资者对公司的乐观预期，防止公司欺诈事件被曝光，会发布更为乐观的盈利预测。对于同一名分析师发布的报告而言，为了引导投资者预期，相比没有发生欺诈活动的公司，针对发生欺诈活动公司的盈利预测与最终的实际盈利的偏差可能更大，据此提出以下待检验假设。

假设 H5：证券分析师报告的盈利预测偏差程度与上市公司是否发生欺诈显著正相关。

6.2 研究设计

6.2.1 变量与模型设定

本章依旧应用考虑部分可观测问题的 Bivariate Probit 的估计方法，检验证券分析师关注度对上市公司欺诈的影响，具体的估计过程和原理与前两章相同，不再赘述。本书具体的变量设定如下：

（1）被解释变量 $Z_{i,t}$

当上市公司 i 在 t 年被发现有欺诈活动时，$Z_{i,t}=1$，未被发现有欺诈活动时，$Z_{i,t}=0$。

（2）解释变量 Analyst

参考现有文献的普遍做法，如果一年内有 n 个分析师针对某个上市公司发布了盈利预测报告，则对 n+1 取对数，即为当年某个上市公司的分析师关注度 Analyst。当报告由分析师团队发布时，跟踪人数视为 1 人；单个分析师一年内针对同一上市公司发布多份报告时，也只视为为 1。此外，并不是所有的上市公司都有分析师关注，因此本书还构建了虚拟变量。如果一家上市公司至少有一名分析师关注，则为 1，否则为 0，从一家上市公司是否有分析师关注的角度考察分析师与公司欺诈的关系。

（3）控制变量

按照上文所述，将控制变量分为 3 类：单独影响公司实施欺诈的因素、单独影响欺诈事件发现过程的因素及同时影响两个过程的因素。

单独影响公司实施欺诈的因素包括：公司的杠杆比率，Li Minwen 等（2015）发现中国上市公司中，发生欺诈的公司比不发生欺诈的公司负债率更高；公司的营利能力，已有研究发现营利能力较好的公司不易发生欺诈（Wei Shi 等，2017；Wang，2013）；公司所有权性质，公司控股股东为政府部门还是私人部门；公司的现金状况；是否有两职合一的现象，即公司的 CEO 是否由董事长兼任。

单独影响公司欺诈行为被发现的因素。该类因素往往是欺诈实施的事后因素，因此无法被欺诈的实施者纳入预期。本书考虑了3个指标：Jones 和 Weigram（1996）指出股票的异常波动往往可以揭示公司的法律风险，因此本书首先关注"股价的波动率"；其次是"股价的收益率"，就欺诈事件而言，股价大幅下跌可能是内部知情人提前抛售股票引起，往往更容易引起市场和监管者的注意，因此本书关注公司股价是否发生大幅下跌的情况；再次是"营利能力的异常波动"。Wang（2013）认为 ROA 的实际表现与估计值的差异（超额资产收益率，Abnormal ROA）过大可以揭示公司的欺诈活动。

同时影响两个过程的因素：一是"公司规模"。较大的公司治理结构较为完善，发生欺诈的概率较低。同时大公司受到媒体和其他各类市场主体更多关注，一旦发生欺诈，可能更容易被发现。Dyck 等（2010）在研究上市公司欺诈的监管问题时，认为大公司的部分可观测问题程度非常低，因此将样本限定在资产规模超过7.5亿美元以上的公司，后续大量实证研究在选取样本时均参照这一做法（Khanna 等，2015；Hass 等，2015）。二是"公司的并购活动"。Erickson 等（2011）发现发生欺诈的公司比不发生欺诈的公司更积极地进行并购活动，会把并购活动当作掩饰欺诈的一种策略。但 Wang（2013）认为并购活动是相对公司其他各类指标更易被观察到的公司特征，之所以观测到欺诈的公司并购活动更加活跃，是因为他们更易受到关注从而更容易被发现欺诈。三是"托宾 q 值"。Wang 等（2010）认为，由于经济周期的影响（Povel 等，2007），公司欺诈的发生与托宾 q 值有显著的"U"形关系。

四是“董事会规模”。Lipton 等（1992）认为规模过大的董事会会导致监督效率降低，影响公司绩效。五是股权结构特征，包括“股权性质”“股权集中度”等。刘立国和杜莹（2003）、梁杰等（2004）均发现股权结构与上市公司财务舞弊行为有显著相关关系。

检验假设 1 的估计方程为：

$$F_{i,t} = \beta_0 + \beta_1 Analyst_{i,t-1} + \beta_2 Size_{i,t-1} + \beta_3 Boardsize_{i,t-1} + \beta_4 Tobin'q_{i,t-1} + \beta_5 M\&A_{i,t-1} + \beta_6 ROA_{i,t-1} + \beta_7 Leverage_{i,t-1} + \beta_8 Cash_{i,t-1} + \beta_9 Duality_{i,t-1} + \beta_{10} Top10_{i,t-1} + \beta_{11} State_{i,t-1} + \varepsilon_{i,t}$$

$$D_{i,t} = \beta_0 + \beta_1 Analyst_{i,t} + \beta_2 Size_{i,t-1} + \beta_3 Boardsize_{i,t-1} + \beta_4 Tobin'q_{i,t-1} + \beta_5 M\&A_{i,t-1} + \beta_6 Top10_{i,t-1} + \beta_7 Ab.ROA_{i,t-1} + \beta_8 Volatility_{i,t} + \beta_9 Decline_{i,t} + \delta_{i,t}$$

在对 $F_{i,t}$的估计中，解释变量为滞后 1 期变量 $Analyst_{i,t-1}$，考察的是在欺诈事件发生前，分析师是否可以影响公司的欺诈倾向，而在对 $D_{i,t}$的估计中，解释变量为 $Analyst_{i,t}$，与欺诈事件为同期变量。单独估计欺诈事件发现过程的控制变量 Volatility 和 Decline 与因变量 Z 为同期变量，其他控制变量皆为滞后 1 期变量。相应的，在检验其他假设时，对 $F_{i,t}$的估计中使用的交乘项也为滞后 1 期变量，而对 $D_{i,t}$的估计则都使用同期变量。表 6－1 列出了各变量具体的定义方式。

表 6－1　　变量定义表

变量名称	变量符号	变量度量方法
被解释变量		
欺诈事件	Z	公司当年被发现有欺诈事件为 1，否则为 0
解释变量		
分析师关注度（连续型变量）	Analyst	Ln（n＋1），n 为关注某公司的分析师数量
分析师关注度（虚拟变量）	Analyst	某公司至少有一名分析师关注为 1，否则为 0

续表

变量名称	变量符号	变量度量方法
控制变量		
资产报酬率	ROA	息税前利润与总资产比值
公司杠杆	Leverage	总负债与总资产比值
董事会规模	Boardsize	董事会总人数并取对数
公司规模	Size	公司资产总额并取对数
托宾 q 比率	Tobin'q	公司市值与资产重置成本之比
国企性质	State	控股股东为国有性质取 1，否则为 0
现金资产	Cash	现金及现金等价物总和与总资产比值
两职合一	Duality	公司 CEO 与董事长为同一人取 1，否则为 0
并购事件	M&A	公司当年和前一年有宣告并购事件为 1，否则为 0
股权集中度	Top10	公司前十大股东持股总和占公司总股本比例
超额资产收益率	Ab. ROA	$ROA_{i,t} = \beta_0 + \beta_1 ROA_{i,t-1} + \beta_2 ROA_{i,t-2} + \varepsilon_{i,t}$ 的残差 $\varepsilon_{i,t}$
股价波动率	Volatility	公司月度收益率的波动率
股价暴跌事件	Decline	公司股价收益率在当年所有 A 股股票 10% 分位数以下取 1，否则为 0

6.2.2　样本的描述性统计

解释变量分析师关注度的相关数据来自国泰安（CSMAR）数据库。由于 2005 年以前的盈利预测报告较少，上市公司的分析师关注度普遍在 2005 年前后发生了较大的跳跃①，同时由于回归涉及滞后和同期两期变量，因此截至本书进行时，从因变量欺诈事件的角度看，样本时间跨度为 2006—2016 年。剔除金融类企业、B 股以及部分数据缺失的样本，最终使用的有效样本为 11355 个。表 6－2 报告了主要变量的描述性统计情况，报告了各变量的均值、

① 在本书的样本中，2004 年上市公司分析师关注度的均值为 0.72，2005 年为 2.05。

标准差、最小值和最大值。第一行的变量为经过对数处理的分析师关注度 Analyst，样本均值为 0.9266，将其经过对数还原，显示样本中平均每家上市公司受到 1.5259 名分析师的关注。第二行的变量 Analyst（Dummy）表示分析师关注度的虚拟变量，即上市公司是否至少有 1 名分析师关注，其样本均值 0.5095，表明样本中超过一半的上市公司有分析师关注。第六列和第七列将样本按照因变量 Z=1 和 Z=0 分组，即发生欺诈事件和未发生欺诈事件下各变量均值。第八列为均值差检验的 p 值。由两列数据对比可知，发生欺诈的上市公司的分析师关注度为 0.5111，小于未发生欺诈事件的 0.9696。而虚拟变量 Analyst（Dummy）的情况也是如此。并且均值差检验的 p 值为 0，在 1% 的水平下显著。从其他变量看，样本中发生欺诈事件的上市公司董事会规模、托宾 q 值、杠杆率、两职合一变量、超额资产收益率、股价波动率、股价暴跌变量的均值均大于未发生欺诈的上市公司，而总资产规模、并购事件变量、资产收益率、国企性质变量、现金资产比率的均值均小于未发生欺诈的上市公司，除股价暴跌事件变量的均值差 t 检验在 5% 以下的水平显著外，其他变量的均值差检验均在 1% 的水平下显著。

表 6-2　　样本描述性统计

变量	总体样本				fraud = 1	fraud = 0	p 值
	均值	标准差	最小值	最大值	均值	均值	
Analyst	0.9266	1.0936	0	4.0073	0.5111	0.9696	0
Analyst（Dummy）	0.5095	0.4999	0	1	0.3034	0.5308	0
Size	10.1657	1.2319	7.1775	13.8044	9.9407	10.189	0
Boardsize	2.2714	0.2385	1.6094	2.8904	2.2937	2.2691	0.0023
Tobin'q	2.0996	1.9968	0.2153	12.3898	2.307	2.0788	0.001
M&A	0.5844	0.4934	0	1	0.4484	0.5949	0
Top10	54.2712	15.6633	21.33	94.67	52.1952	54.4859	0

续表

变量	总体样本				fraud = 1	fraud = 0	p 值
	均值	标准差	最小值	最大值	均值	均值	
ROA	0. 0305	0. 0707	-0. 2923	0. 2313	0. 0099	0. 0326	0
Leverage	0. 4887	0. 2406	0. 0349	1. 5155	0. 5449	0. 4828	0
State	0. 5809	0. 4934	0	1	0. 4265	0. 5968	0
Cash	0. 1358	0. 1191	0. 0012	0. 7233	0. 1243	0. 1369	0. 0018
Duality	0. 153	0. 36	0	1	0. 1908	0. 1491	0. 0006
Ab. ROA（%）	-1. 2784	5. 8188	-16. 6472	7. 0814	-0. 6218	-1. 3466	0. 0002
Volatility（%）	7. 6932	3. 0263	2. 9892	17. 9945	8. 3328	7. 6271	0
Decline	0. 0929	0. 2903	0	1	0. 1157	0. 0906	0. 0105

数据来源：国泰安（CSMAR）数据库。

6. 3　实证结果分析

6. 3. 1　分析师关注度与上市公司欺诈

为避免极端值对实证结果的影响，本书将所有连续型变量在1%的水平下进行了 Winsorize 处理。表 6 - 3 报告了回归模型（1）和模型（2）的结果，模型（1）的解释变量 Analyst 为连续型变量，模型（2）Analyst 为虚拟变量。每个模型的估计结果分成两列报告，第一列显示的是各变量对于公司发生欺诈活动的概率P（F）的影响，第二列显示的是各变量对于公司欺诈曝光的条件概率P（D | F)的影响，每个估计结果的第一行为影响系数，第二行括号内为稳健标准误。表格的底部报告了样本观测数、Wald 检验值、对应的 P 值和对数似然值。在关注解释变量之前，本书首先关注控制变量的结果以考察模型是否可以有效地估计欺诈的发生与发现

过程。公司规模 Size 在 1% 的显著性水平下降低了公司实施欺诈的概率，影响系数为 -0.237，同时在 5% 的显著性水平下提高了公司发生欺诈事件后被发现的条件概率，影响系数为 0.159。表明规模更大的公司由于内部治理结构完善更不容易发生欺诈事件，且由于更容易吸引公众的关注，一旦发生欺诈事件，更容易被曝光，这与目前绝大多数研究者的结论一致。公司的盈利水平 ROA、现金资产比率 Cash 与公司实施欺诈行动的概率显著负相关，而公司的杠杆率 Leverage 越高会导致公司的欺诈倾向更高，也与大部分已有研究相一致。同 Wang 等（2010）一样，托宾 q 值与企业实施欺诈的倾向有显著的正相相关关系，表明在我国的资本市场，市值与重置成本偏离过大的企业欺诈倾向更高。在代表欺诈的事后因素中，股价暴跌变量 Decline 与公司欺诈事件的发现概率显著正相关，表明股价的异常变化确实可以引起监管者和市场的关注，因此提高了欺诈事件被发现的概率。因此，从控制变量总体的估计结果看，本书使用的估计方程与大部分现有研究一致，表明可以有效地识别欺诈事件的发生与发现两个过程。

模型（1）的解释变量与 P（F）负相关，影响系数为 -0.087，显著性水平为 5%；与此同时与 P（D | F）也显著负相关，影响系数为 -0.115，显著性水平达到 1%；模型（2）中的虚拟变量在 1% 的显著性水平下降低了公司发生欺诈事件的概率，影响系数为 -0.206，并且同样在 1% 的显著性水平下降低了欺诈事件被发现的条件概率 P（D | F），影响系数为 -0.208。回归结果与研究假设 H1、假设 H2 符合，表明我国的分析师一方面可以抑制上市公司实施欺诈的倾向，具有积极的公司治理作用；另一方面对于已经发生的欺诈事实，分析师并不能进行有效的信息挖掘，反而会起到避免欺诈事实曝光的反作用。两模型对 P（F）作用的显著性不同，而对 P（D | F）的显著性均达到 1%，这或许表明相较降低上市公司欺诈倾向的作用而言，分析师隐瞒、掩盖上市公司欺

诈活动的作用更加突出。

表 6-3　　　　分析师关注度与上市公司欺诈

变量	模型（1）		模型（2）	
	P（F）	P（D丨F）	P（F）	P（D丨F）
Analyst （滞后 1 期）	-0.087** （0.0385）		-0.206*** （0.0722）	
Analyst （同期）		-0.115*** （0.0294）		-0.208*** （0.0517）
ROA	-1.498*** （0.4200）		-1.540*** （0.4220）	
Leverage	0.802*** （0.2010）		0.743*** （0.1990）	
Cash	-0.475** （0.2350）		-0.428* （0.2220）	
State	-0.217*** （0.0513）		-0.197*** （0.0511）	
Duality	0.0561 （0.0662）		0.0458 （0.0630）	
Size	-0.237*** （0.0834）	0.159** （0.0738）	-0.270*** （0.0881）	0.162** （0.0755）
Boardsize	0.0717 （0.1980）	0.1370 （0.1650）	-0.0079 （0.2030）	0.1590 （0.1630）
Tobin'q	0.127*** （0.0461）	-0.0474 （0.0292）	0.0976* （0.0559）	-0.0373 （0.0347）
M&A	-0.0117 （0.2300）	-0.1930 （0.1890）	0.0268 （0.2750）	-0.1850 （0.2130）
Top10	0.0162** （0.0063）	-0.0180*** （0.0051）	0.0187*** （0.0064）	-0.0183*** （0.0046）
Ab. ROA		0.0008 （0.0041）		0.0016 （0.0035）

续表

变量	模型（1）		模型（2）	
	P（F）	P（D|F）	P（F）	P（D|F）
Volatility		-0.0049 (0.0075)		-0.0063 (0.0065)
Decline		0.149** (0.0673)		0.143** (0.0618)
Constant	0.6860 (1.1060)	-0.8930 (0.8830)	1.4860 (1.2540)	-1.0680 (0.9780)
Observations	11355		11355	
Wald chi2	167.74		141.17	
Prob > chi2	0.0000		0.0000	
Log Likelihood	-3291.6548		-3288.6870	

注：括号内的是稳健标准误。*、**、***分别表示在10%、5%、1%的显著性水平下显著。

6.3.2 股市周期对分析师行为的影响

接下来关注股市周期对分析师行为的影响。首先参考Wang等（2010）研究，以托宾q值表征股市周期。在模型中加入解释变量交乘项Analyst×Tobin'q，表示分析师关注度与托宾q值的乘积，表6-4报告了回归分析的结果。模型（3）的Analyst为连续型变量，模型（4）的Analyst为虚拟变量。结果显示，分析师关注度对P（F）和P（D|F）的影响依然与模型（1）、模型（2）一致，均显著负相关。交乘项对P（F）的影响均为正，显著性水平为5%，模型（3）的影响系数为0.0456，模型（4）的影响系数为0.0730。交乘项影响系数与Analyst影响系数的方向相反。表明分析师作为上市公司的外部监督者，原本可以有效地降低公司发生欺诈的可能性，但在股市周期上升时，会放松对上市公司的监督。

表 6-4　　股市周期对证券分析师行为的影响

变量	模型（3）		模型（4）	
	P（F）	P（D丨F）	P（F）	P（D丨F）
Analyst（滞后 1 期）	−0.139** (0.0617)		−0.324*** (0.1220)	
Analyst（同期）		−0.256** (0.1020)		−0.314*** (0.0903)
Analyst × Tobin'q（滞后 1 期）	0.0456** (0.0214)		0.0730** (0.0333)	
Analyst × Tobin'q（同期）		0.0295* (0.0161)		0.0352** (0.0152)
Tobin'q	0.1397** (0.0577)	−0.0367 (0.0330)	0.0825* (0.0637)	−0.0238 (0.0338)
控制变量	控制	控制	控制	控制
Observations	9609		9609	
Wald chi2	137.05		84.78	
Prob > chi2	0.0000		0.0000	
Log Likelihood	−2671.0066		−2660.9163	

注：括号内的是稳健标准误。*、**、*** 分别表示在 10%、5%、1% 的显著性水平下显著。

交乘项与 P（D丨F）也有显著的正相关关系，模型（3）的显著性水平为 10%，模型（4）为 5%，表明当股市周期向上时，由于投资者监督密度的降低，欺诈事件本身就难以曝光，分析师的担忧程度降低，因此也不太着力于掩盖上市公司的欺诈事件，掩盖效应因为股市周期的上升而被弱化。本书的假设 H3a 得到验证。

除以托宾 q 表示股市周期，本书还参考许年行等（2012）的研究，以股市为“牛市”还是“熊市”来表征股市周期。该研究使用市场平均收益率判定法来划分“牛市”与“熊市”。Fabozzi 等（1977）认为当股票市场的平均收益率为正时，为“牛市”，否则为“熊市”，Lindahl－Stevens（1980）进一步认为判断市场牛熊

的标准是平均收益率是否超过无风险收益率。据此，本书以每一年上证综指的收益率代表市场平均收益率，以一年期定期存款收益率代表无风险收益率，并相应做差，每一年的差值分别为：2005 年 -10.58%，2006 年 127.91%，2007 年 93.45%，2008 年 -69.32%，2009 年 77.73%，2010 年 -16.62%，2011 年 -25.18%，2012 年 -0.08%，2013 年 -9.75%，2014 年 50.12%，2015 年 7.66%，2016 年 -13.81%。因此，将 2006 年、2007 年、2009 年、2013 年、2014 年、2015 年界定为“牛市”，2005 年、2008 年、2010 年、2011 年、2012 年、2013 年、2016 年界定为“熊市”。定义股市周期变量 Bull，如果当年为“牛市”则 Bull=1，“熊市”则 Bull=0。定义交乘项 Analyst × Bull，并作为解释变量放入回归中。回归结果以表 6-5 报告。同样的，模型（5）的 Analyst 为连续型变量，模型（6）的 Analyst 为虚拟变量。交乘项对 P（F）的影响与模型（3）、模型（4）方向一致，但并不显著，假设 H3b 部分未得到有效验证。但是交乘项对 P（D | F）的影响与模型（3）、模型（4）一致，而且显著性水平更高，即分析师对公司欺诈事件的掩盖作用会因股市周期的上升而显著弱化。

表 6-5　　股市周期对证券分析师行为的影响

变　量	模型（5）		模型（6）	
	P（F）	P（D	F）	P（F）	P（D	F）
Analyst（滞后 1 期）	-0.137* (0.0803)		-0.296** (0.1330)	
Analyst（同期）		-0.365*** (0.1050)		-0.471*** (0.1330)
Analyst × Bull（滞后 1 期）	0.0628 (0.0735)		0.0885 (0.1090)	
Analyst × Bull（同期）		0.262*** (0.0937)		0.288** (0.1130)

续表

变 量	模型（5）		模型（6）	
	P（F）	P（D丨F）	P（F）	P（D丨F）
Bull	0.3442 (0.3654)	-0.2194* (0.2701)	0.4467* (0.3408)	-0.0174* (0.0250)
控制变量	Yes	Yes	Yes	Yes
Observations	10235		10235	
Wald chi2	133.36		94.68	
Prob > chi2	0.0000		0.0000	
LogLikelihood	-2952.7717		-2943.3568	

注：括号内的是稳健标准误。*、**、***分别表示在10%、5%、1%的显著性水平下显著。

6.3.3 并购活动对分析师行为的影响

并购活动作为上市公司经营的重大事项，必然也是分析师关注的重点。本书接下来考察，当上市公司参与并购活动时，是否会影响分析师的行为。为此，构建交乘项 Analyst × M&A，即分析师关注度与并购变量的乘积，作为解释变量加入估计方程中，回归结果由表6-6报告。模型（7）与模型（8）的 Analyst 依旧分别为连续型变量和虚拟变量。回归结果显示，模型（7）中交乘项并没有显著性影响，但模型（8）中 Analyst 依旧与 P（F）和P（D丨F）呈显著负相关的前提下，交乘项与 P（D丨F）在1%的显著性水平下负相关。即对于存在欺诈活动并与近期发生并购事项的上市公司，降低欺诈事实被发现的作用被强化。这表明为了推进并购活动的顺利进行，分析师的掩盖效应会得到进一步增强。研究假设 H4 得以验证。在同等条件下，如果分析师关注的上市公司参与了并购活动，其研究报告的信息质量（相比没有参与并购活动的上市公司）可能更差；而同样是参与并购活动的上市公司，有分析师关注的公司的欺诈活动可能更难以被发现。

表 6-6　　并购活动对证券分析师行为的影响

变量	模型（7）		模型（8）	
	P（F）	P（D丨F）	P（F）	P（D丨F）
Analyst （滞后 1 期）	-0.0336 (0.0283)		-0.179*** (0.0636)	
Analyst （同期）		-0.120*** (0.0301)		-0.199*** (0.0511)
Analyst × M&A （滞后 1 期）	-0.0138 (0.0281)		0.183** (0.0869)	
Analyst × M&A （同期）		0.0005 (0.0311)		-0.0746*** (0.0190)
控制变量	Yes	Yes	Yes	Yes
Observations	11355		11355	
Wald chi2	161.17		131.71	
Prob > chi2	0.0000		0.0000	
Log Likelihood	-3300.9898		-3300.7379	

注：括号内的是稳健标准误。**、*** 分别表示在 5%、1% 的显著性水平下显著。

6.3.4　分析师的盈余预测偏差与公司欺诈

上文提出，分析师倾向于通过发布偏积极的研究报告，引导投资者预期以帮助掩盖公司内部欺诈活动，为此，本节考察证券分析师报告的盈利预测偏差与上市公司欺诈的关系。盈利预测偏差的测度包括对每股收益（EPS，Earnings Per Share）、净利润（Net Profit）和市盈率（Price Earnings Ratio）的测度。其中每股收益预测偏差的计算方式为：EPS Bias =（FEPS - EPS）/FEPS，FEPS 表示分析师研究报告中对某上市公司某段时间的每股收益预测，EPS 为对应该段时间上市公司最终的每股收益，两者相减并除以 FEPS，表示每股收益预测偏离程度。对净利润和市盈率的预测偏差采用相同的计算方法，分别得到变量 Net Profit Bias 和 PE Bias。研究报告是分析师对上市公司进行考察、调研等活动的结果，发布于实际欺诈活动的事后（如果有）。从理论角度看，盈利预测偏差应主要与欺诈活动的发现过程相关。因此本书以欺诈事件变量 Z 为因变量，以 EPS Bias 、Net Profit Bias 和 PE Bias 为解释变量，应用单变量 Probit 估计考察这一关系，回归结果以表 6－7 报告。模型（9）、模型（10）的解释变量 EPS Bias 和 Net Profit Bias 分别在 1% 和 5% 的显著性水平下与因变量 Z 正相关，影响系数分别为 0.0029 和 0.0017，模型（11）的解释变量 PE Bias 的回归结果不显著。模型（9）、模型（10）的结果表明对于发生欺诈事件的上市公司，分析师会显著的夸大盈利预测水平，公司实际盈利与预测盈利的差距相比未发生欺诈事件的公司更大。

表 6－7　　盈利预测偏差与上市公司欺诈

变量	模型（9）	模型（10）	模型（11）
	P（Z）	P（Z）	P（Z）
EPS Bias	0.0029*** （0.0008）		
Net Profit Bias		0.0017** （0.0007）	
PE Bias			0.0055 （0.0052）
控制变量	控制	控制	控制
LogLikelihood	－25722.88	－27413.04	－25722.88
Wald chi2	2907.18	3028.2	2907.18
prob > chi2	0.0000	0.0000	0.0000
Observations	165532	144128	137194

注：括号内的是稳健标准误。** 、*** 分别表示在 5% 、1% 的显著性水平下显著。

6.3.5 稳健性检验

本书关注的主要解释变量分析师关注度和被解释变量欺诈事件之间存在一定的内生性问题。分析师有可能在选择关注目标时主动规避有欺诈活动的上市公司，造成两者互为因果。为排除内生性对研究结论的干扰，本书采用了两个工具变量：一是相同年度同行业剔除掉本公司后，其他上市公司的分析师关注度均值；二是相同年度同地区其他上市公司的分析师关注度均值。由于同行业或同地区面对类似的行业环境、企业外部经营环境，且我国资本市场上常出现行业或地区为主题的“板块”行情，因此它们之间的分析师关注度具有一定的相关性，但公司欺诈作为个体行动，与其他公司显然没有相关关系，满足工具变量的选取原则。本书首先以分析师关注度为因变量，工具变量和及其他控制变量为自变量进行回归，然后用拟合值作为解释变量重新对模型进行回归。回归结果由表6－8的模型（12）报告。分析师关注度在1%的显著性水平下，分别与P（F）和P（D｜F）负相关，与模型（1）的回归结果一致。表明在考虑内生性问题后，分析师依旧显著地抑制上市公司欺诈倾向，并降低欺诈事件被发现的条件概率。另外，参照 Dyck 等（2010）、Khanna 等（2015）、Hass 等（2015）的做法，本书将资产规模低于100亿元人民币的上市公司从研究样本中剔除，进一步降低了部分可观测问题的干扰，重新进行回归分析。结果由表6－8的模型（13）报告，分析师关注度与P（F）依旧负相关，影响系数－0.012，但不再显著，或许表明分析师对小公司的监督效应更加显著，而分析师关注度与P（D｜F）依旧在1%的显著性水平下负相关，影响系数－0.217。根据模型（1）和模型（2）回归结果或可推断分析师对上市公司欺诈的两种影响中，掩盖欺诈活动的作用可能比降低公司欺诈倾向的作用更加显著，而模型（13）的结果更加充分的说明了这一点。模型（12）、模型（13）的结果表明本书的主要结论总体上稳健。

表 6-8　　稳健性检验

变量	模型（12）		模型（13）	
	P（F）	P（D | F）	P（F）	P（D | F）
Analyst（滞后 1 期）	-0.0699*** (0.1301)		-0.012 (0.0282)	
Analyst（同期）		-0.2692*** (0.1150)		-0.217*** (0.0806)
控制变量	控制	控制	控制	控制
Observations	11355		9224	
Wald chi2	213.42		216.08	
Prob > chi2	0.0000		0.0000	
Log Likelihood	-3310.5628		-2489.6291	

注：括号内的是稳健标准误。*** 表示在 1% 的显著性水平下显著。

6.4　本章小结

本章以 2006—2015 年中国上市公司为研究样本，应用考虑部分可观测问题的 Bivariate Probit 模型，对分析师与上市公司欺诈之间的关系进行了充分的实证检验。结果显示，分析师一方面可以发挥积极的外部监督作用，分析师的关注度越高，上市公司的欺诈倾向越低，分析师可以有效减少公司欺诈的发生；另一方面，对于已经发生的欺诈事件，分析师关注度越高，欺诈事件被曝光的可能性越低，体现出一种掩盖效应。分析师同时表现出积极和消极的公司治理作用。本书还发现，股市周期弱化了分析师的监督作用，并购活动强化了分析师的掩盖效应。实证结果表明分析师实际上真正关心的是公司是否发生了“欺诈事件”，而非公司是否发生了“欺诈”。分析师的利己动机或激励因素是造成上述现象的内在原因，中国资本市场目前的总体特征则是重要的外部推手：一是分析师会受到来自上市公司、所属证券公司等各类市场主体的压力，导致分析师的行为不能保持足够的独立性和客观性；二是当前市场主导的分析师评价体系和以及做空机制的匮乏，使分析师只能通过股价的上涨，而难以通过揭露上市公司欺诈行为获得足够的私人收益，因此缺乏主动揭露上市公司欺诈行为的积极性，进而选择积极地掩盖上市公司欺诈活动，以防止股价的大幅下跌。

分析师虽然没有监督上市公司的法定义务，但对公司信息进行真实、客观地挖掘，对公司内部欺诈进行及早揭示，尤其是在股价未大幅上涨前及早揭示，降低投资者风险，是分析师理应承担的职责。在美国安然事件中，正是由于分析师和评级公司最先发现了安然财务报表的漏洞，才使这一惊天丑闻得以曝光，避免损失进一步扩大。分析师作为具有一定信息和专业能力优势的市场主体，实际可以在揭露上市公司欺诈上发挥巨大的作用，而本书的研究结论表明，这一作用尚未在我国资本市场得到充分的体现。因此建议一方面对“新财富”“水晶球”等分析师评价体系进行合理的修订①，不能将所有的投票权都掌握在机构投资者手中，或者不能以分析师推荐股票涨幅为单一的评价标准；另一方面，应当在把握总体风险的前提下，加快国内做空机制的发展步伐，以激励分析师积极挖掘上市公司的欺诈活动，培育出一批中国的“浑水”和“香橼”机构，这将极大地降低投资者和上市公司之间的信息不对称程度，提高金融监管效率，有利于我国资本市场的长期、健康、稳定的发展。

① 适值本书撰写期间，“新财富”评选由于被曝光存在不正当竞争行为，宣布暂停整改。

第7章 结论与研究展望

7.1 本书主要结论

7.1.1 上市公司欺诈的定义与行为界定

目前国内大部分相关研究主要以针对财务舞弊、上市公司违规等为主，专门以上市公司欺诈作为研究对象的成果并不多见，此外，现存的法律法规缺乏对上市公司欺诈的明确定义，理论界也并未进行广泛的探讨。因此，本书首先对上市公司欺诈的定义进行探讨，并尝试给出了一个明确的定义：由与上市公司相关的行为主体实施，在公司信息披露或其他与公司经营有关的活动中，明知行为可能造成严重的后果，而存在以故意虚构、隐瞒、拖延等手段欺诈外部投资者的行为。通过对相关法学、语言学、心理学及经济学等文献的借鉴，以及上市公司欺诈与一般的公司欺诈、公司违规、盈余管理等行为的比较分析，本书归纳上市公司欺诈的核心构成要素，同时也是与相关行为的主要区别是：（1）行为人或实施主体存在主观上的刻意性。（2）以广大外部（中小）投资者作为为欺诈的客体。（3）行为造成的后果（与其他相关行为相比）更加严重。由于上市公司的股份面向公众公开发行，股东构成分散，规模庞大，因此造成上市公司的规模、影响力都远远超过一般的非上市公司，上市公司的欺诈行为造成的经济后果与社会影响不可低估。在对上市公司欺诈进行明确的定义后，本书对上市公司欺诈行为进行了界定，并概括为四种主要的类型：虚假披露、隐瞒披露、延迟披露和违规交易，并以国泰安违规行为数据库为基础，剔除掉几类典型的属于违规但不构成欺诈的行为，构建了一个专门针对上市公司欺诈的研究样本。

7.1.2 大股东治理与上市公司欺诈

在第 2 章与第 3 章对上市公司欺诈国内外相关理论进行系统的梳理以及构建一个较简单的分析模型后，本书第 4 章对大股东、企业的国企性质与上市公司欺诈的关系进行了全面的检验。研究结果显示，国有上市公司的欺诈倾向显著低于非国有上市公司；第一大股东持股比例越高，公司欺诈倾向越低，这些都是积极的公司治理效应。然而，如果把非控股股东也考虑在内，结论会发生显著的变化。除了控股股东外，非控股大股东的持股比例之和与上市公司的欺诈倾向表现出显著的正相关关系，并与欺诈事件被发现的条件概率表现出显著的负相关关系，而且非控股大股东可以影响控股股东，控股股东对欺诈倾向的降低作用会被非控股大股东削弱，且基于利益共同体的原因，在公司已经发生欺诈事件的前提下，所有大股东存在共同包庇公司欺诈行为的嫌疑。不同性质的大股东之所以表现出不同的公司治理效应，主要是由于控股股东更加追求公司的长期价值，非控股大股东则是相对短期的投资者，大股东持股的变动情况也证明了这一点。已有研究多数认为持股比例过高的控股股东不利于公司绩效，非控股股东可以有效地制衡大股东的掏空效应，并由此推衍控股股东可能更倾向于欺诈，而非控股股东可以起到有效的制衡和监管作用。本书的实证结果则表明事实并非如此，投资者类型可以对此作出较为合理的解释。本书的这一结论实际上与 Peng 和 Röell（2014）的结论相一致。该研究认为，公司欺诈归根结底是本应用于公司长期发展的资源被用于公司短期股价的维护中，是一种资源的期限错配，这一结论也更加凸显出在我国资本市场引导长期价值投资理念的重要性。

7.1.3　高管激励与上市公司欺诈

中国上市公司自 2005 年起也开始大面积推行绩效薪酬形式的激励机制，至今已 10 多年，这一机制推行的效果如何实际上亟待检验。本书就该问题给出来自中国资本市场的直接证据。研究结果显示，不论是上市公司高管的货币薪酬还是持股比例，均与上市公司发生欺诈的可能性显著正相关，且上市公司高管在欺诈事件期间有明显的减持现象。股权激励计划的实施同样与公司的欺诈倾向正相关，并且受到激励的高管会在限售期结束后迅速通过减持由股权激励计划获得的股票进行套现，表现出浓重的投机色彩。表明中国上市公司同安然事件以及次贷危机中的美国企业一样，存在高管为了高额短期激励而牺牲外部投资人利益的现象。因此，尽管现有研究证明了我国绩效薪酬机制的推行显著提高了公司绩效，但本书的结论表明激励方式扔需要进一步的优化和改革。

7.1.4　证券分析师与上市公司欺诈

证券分析师是现代资本市场的重要组成部分。分析师作为具有信息、人脉和专业能力优势的特殊群体，正在我国的资本市场上发挥越来越重要的影响力。分析师会如何运用自身的优势影响市场，第 6 章从上市公司欺诈的角度给出检验。研究结果发现，分析师一方面可以较好地扮演外部监督者的角色，显著降低上市公司发生欺诈的可能性；另一方面却会通过发布偏积极的研究报告，引导投资者，以掩盖欺诈事件的曝光。造成的原因一方面是分析师会受到来自上市公司、所属证券公司或投行的压力，导致分析师出具的研究报告缺乏足够的客观性与独立性；另一方面是由于国内市场分析师评价体系过于单一以及做空手段的匮乏，分析师只能通过所关注公司股票的上涨获得个人收益，没有足够的动力积极揭露上市公司的欺诈事实。研究还发现，股市周期的上升、上市公司的并购事件会弱化分析师的监督效应，并强化分析师的包庇效应，分析师盈余预测偏差与公司欺诈显著正相关。

所有实证研究均采用考虑部分可观测问题的 Bivariate Probit，该方法由 Poier（1980）首次提出，并在近几年被广泛的运用于金融监管问题的研究。由于可以同时解释公司欺诈的发生与发现两个过程，使研究结论同时设计欺诈的原因与监管两个问题，这是比过去单一变量的 Probit 或 Logit 估计等方法的优势所在。从本书的研究结论看，这种估计方法的应用揭示了一个重要问题，大股东、高管和证券分析师这些重要的公司治理主体真正关注的是公司是否发生了“欺诈事件”，并非上市公司本身是否发生了“欺诈”。关注点差异的本质上是短期投机者和长期投资者的差异，我国股市到目前为止仍然是一个到处充斥着投机氛围的市场，各市场主体主要倾向于关注上市公司的短期表现是否能带来私人收益，而忽视公司的长远发展。如果任由此种状况发展下去，无疑会导致风险的持续堆积，为我国资本市场未来的发展埋下巨大的隐患。在研究过程中对欺诈发生和发现的区分对于研究结论进而对如何引导我国资本市场的发展具有重要的影响。研究上市公司欺诈问题的根本目的是为了从源头上杜绝上市公司的欺诈活动，而不仅仅是发生较少的“欺诈事件”。

7.2 有效防范上市公司欺诈的政策建议

7.2.1 明确界定上市公司欺诈的行为，加大惩罚力度

当前尚无任何法律法规有明确的上市公司欺诈罪的说法，各监管方主要依据相关法律法规以上市公司违规行为为监管对象。然而，上市公司欺诈与一般的公司违规相比，性质更加恶劣，造成的后果也更为严重。因此，法律法规条例有必要对上市公司的欺诈行为和一般的违规行为予以区分，对于上市公司欺诈行为予以更加严厉的处罚。当前，股市的监管机构主要以上市公司违规行为的标准对欺诈行为人进行处罚，处罚力度相对较轻。在本书的研究样本中，上市公司受到罚款处罚的仅291起，大部分均受到警告、谴责或要求内部整改等处罚结果，而因欺诈受到刑罚处罚的个人更是少之又少。欺诈行为承担的成本过低是导致多年来上市公司有恃无恐进行欺诈的重要原因，因此本书认为相关法律条例需要对上市公司欺诈行为进行专门的界定，处罚措施应与一般的违规行为有明确的区分，以此震慑意图以上市公司为载体进行欺诈的个人，方能有效减少上市公司欺诈事件的发生。

7.2.2 建立合理的激励机制，激发市场潜能，降低政府监管成本

Dyck等（2010）发现，非传统类的市场监管者，如公司雇员、做空交易者、媒体、行业的监管者等比传统类的市场监管者如证监会、交易所、律师、分析师、审计师等能更加有效的揭露上市公司的欺诈事件，并指出同公司欺诈一样，公司欺诈的监管也是一个激励问题。结合以上理论以及本书的研究结论，本书提出以下建议：

（1）建立相应的激励和保护制度，鼓励公司雇员揭露上市公司的欺诈活动

第 4 章的研究结论表明，由于绩效薪酬的激励机制，管理层可以通过欺诈活动获得巨大的个人收益。针对防范上市公司高管实施的欺诈活动，一方面，应当完善上市公司的激励机制。对与高管激励挂钩的公司绩效应当采取多元化的评价体系，不应仅仅简单地以公司利润增长率、营业收入增长率等简单的财务指标去评价高管的经营管理活动，且应深入考察公司高管是否存在以透支公司未来发展为代价去换取公司短期繁荣的可能性。股权激励计划的限售期或行权期应适当延长；对高管减持期限进行延长，当前大部分上市公司高管辞职后半年可出售公司股票，而对于一些时间跨度较长的欺诈行为，高管在减持时可能欺诈行为还未被发现，使其可以在相对的高点减持，而最终买单的仍是广大外部中小投资者；授予高管在一定期限内仅可享受分红权而不得享受增值收益的特殊股权，等等。另一方面，可以设计合理的激励机制，挖掘管理层的“对立面”——公司雇员积极揭露上市公司欺诈的潜能。由于获得公司内部信息的成本低廉，雇员是最有效率的监管者，但是另一方面，雇员揭露公司的欺诈行径也面临高昂的成本，如失业、离开所在城市、退出整个行业等风险（Dyck 等，2010）。基于特殊的发展阶段及社会文化，这种高成本在我国体现的更加明显。我国大量的上市公司都是国有企业，在我国过去几十年的文化观念中，国企工作素有“铁饭碗”之称，因此很少有人愿意放弃在国企的工作岗位，自然也就不愿意揭发企业的欺诈活动。由于传统观念的影响，我国大部分居民相比国外更追求“稳定”，更不愿意离开多年居住的城市及从事的行业。因此，本书建议政府应建立相应的机制，对揭露上市公司欺诈的员工予以合理的激励和充足的保护，使雇员不仅不会因此受到损失，反而因为对资本市场的贡献获得奖励，以此激发公司雇员揭露上市公司欺诈活动的积极性。

(2) 引导建立多元化的分析师评价体系

证券分析师之所以缺乏揭露上市公司欺诈的积极性，原因之一是当前市场上各类证券分析师排名主要以分析师推荐股票的上涨情况为标准，评价体系过于单一。目前市场权威的证券分析师评价体系如新财富、水晶球等投票权都掌握在机构投资者手里。大部分机构投资者主要关心的，甚至唯一关心的就是是股票短期的涨幅（张宗新等，2016）。由于担心欺诈事件曝光导致股价下跌，进而影响个人的职业生涯，证券分析师即使发现公司内部存在欺诈活动，可能也会选择尽量掩盖欺诈事实的曝光。因此，本书认为有必要丰富证券分析师评价体系，引导市场对分析师评价的多重标准，应将是否能在揭露上市公司欺诈方面做出突出贡献也作为评价分析师的重要考量，使分析师不仅能通过推荐真正有价值的上市公司获得职业提升，而且通过筛选出质量低劣的上市公司，降低投资者的成本与风险，同样也可获得职业提升。只有多元化的评价体系，才能引导证券分析师始终挖掘真实有效的上市公司信息，发挥其应有的作用，促进市场资源的有效配置。

(3) 在风险可控的前提下，加快做空制度的发展

缺乏充足的股票做空手段，使分析师不能从揭露上市公司的弊端中获得足够的个人收益，是导致分析师缺乏揭露上市公司欺诈积极性的另一重要原因。虽然我国自 2010 年起开始推行融资融券制度，但在实际的交易中，每日融资交易额、融资余额也都远高于融券交易额和融券余额[①]，以 2016 年最后一个交易日为例，2016 年 12 月 30 日，沪深两市融资交易额为 233.92 亿元，融资余额 9357.7 亿元，融券余额 34.79 亿元，融券交易的规模与融资交易相比几乎可忽略不计。大部分时候融资与融券交易规模均差距悬

① 融资余额指投资者每日融资买入和归还借款之间的差额的累积，融券余额指每日融券卖出和买进还券差额的累积。

殊。造成的原因一方面是市场上可用于出借的证券太少，另一方面是我国大量的投资者还只习惯于通过“做多”股票获利，而不习惯于“做空”股票的交易方式。此外，即使融券交易规模如此之小，在2015年股市大幅下跌的期间，融券交易还曾一度被叫停。这些都充分表明当前我国股票做空制度不够稳定，发展任重而道远。在发达国家的资本市场，做空交易非常普遍，也正是因此才诞生了一大批如浑水、香橼等主要通过发现上市公司弊端而获利的著名做空机构。这些机构在通过做空上市公司获巨额财富的同时，实际上可以发挥优化市场资源配置的功能。卖空者不仅可以理性地估计到金融欺诈的曝光事件以及事件的严重程度，而且当公司欺诈的事实被曝光之后，卖空者并不会导致股价进一步的恶性下跌。卖空活动是一个更具时效性的欺诈发现机制，并且可以有效抑制股价的泡沫（Karpoff和Lou，2010）。存在欺诈活动的上市公司往往在欺诈事件暴露前有大幅度的上涨，发展做空机制可以引导以分析师为代表的市场信息的挖掘者，积极揭露上市公司的欺诈活动，使其在股价大肆上涨之前就尽早暴露，避免风险的过度积累给投资者带来更加严重的损失。当然做空交易的增长可能增强市场的投机氛围，造成市场波动风险。因此，本书建议监管层要在风险可控的前提下，尽快发展做空制度，一方面要促进融券交易规模的快速增长，另一方面建立更加多样化的做空交易制度，尽早培育出中国的“浑水”和“香橼”。

总之，政府监管部门应当从多方面采取措施，尽可能的挖掘各类市场主体揭露上市公司欺诈行为的潜在能量，使对上市公司的监管不再单一的依赖于政府部门，而是形成市场合力监管的局面，以降低监管成本，提升监管效率。

7.2.3 引导长期价值投资的理念，发挥大股东积极的治理作用

大股东对于上市公司欺诈的影响十分复杂，同时表现出积极和

消极的公司治理效应。这种影响的差别主要来自于大股东对于私人收益的追求依赖于公司长期价值还是短期价值。公司欺诈行为往往可以在短期使公司价值快速增长，但由于资源的期限错配，损害公司长期价值（Peng 和 Röell，2014）。我国股票市场从建立起就被浓重的投机色彩所包围，真正坚持长期价值投资理念的投资者寥寥无几，这样的市场氛围必然会孕育出大量的上市公司欺诈事件。从实践来看，一般秉承长期价值投资理念的公司往往也是欺诈事件发生较少的公司。作为价值成长企业的典范，万科集团和贵州茅台登陆中国股市 20 余年来，从未被发现有任何信息披露及其他的违规行为，更没有欺诈行为。两家上市公司的规模和股价逐年稳步增长，一步步从当初的小公司成长为中国的知名企业，公司大股东也通过公司长期良性的发展获得巨额的财富。因此，如果市场能以长期价值投资为主导的投资理念，不仅有利于降低公司欺诈发生的数量，保护中小投资者，实质上对大股东也是最优选择。然而如今中国股市上大量中小公司的大股东并不以公司长期成长为目标，反而更重视公司的“壳”价值以及股本规模较小给股票炒作带来的便利性。因此，监管层一方面应当对那些公司治理良好的大企业予以合理的保护和正面的宣传，建立示范效应，引导大量中小企业专注于企业实体的发展，走长期稳定发展的道路，另一方面对中小公司大股东恶意炒作股票的行为进行严厉的打击。此外，当前我国股市的一些交易制度有待优化。比如当前的除权除息机制，股权登记日和除权除息日仅相隔一天，在股权登记日当天买入股票的投资者第二天就可以分红，由于除权除息后的股票价格要按照扣除掉分红的价格计算，相当于没有分红。这种制度的后果是大量投资者根本不是为公司分红而持有公司股票，反而酝酿了大量的所谓“填权”行情。“填权”行情没有任何公司价值增长的现实基础，本质上是一场可称荒谬的“数字游戏”，然而有大量的投资者一直乐此不疲。当前除权除息的制度设计无疑加重了市场的投机氛围，不利于推行价值投资理念和上市公司的健康发展。再例如，有大量上市公司干脆多年不分红，市场和媒体一直呼吁解决但至今未有实质性的进展。建议政府应当尽快推行强制分红等措施。

7.3 本书的局限性与研究展望

7.3.1 上市公司欺诈的定义与行为界定需要进一步明确和完善

本书虽然对上市公司欺诈行为进行了明确的定义，但由于上市公司欺诈问题涉及的学科领域众多，本书仅结合了经济学、法学、语言学等学科的理论，未结合社会学、心理学等于上市公司欺诈关系密切的学科。想要给出一个准确的、能受到广泛认同的定义，仅靠一家之言是远远不够的，需要学界更加广泛的参与，这对于后续的相关研究至为重要。而对于上市公司欺诈行为的界定，一些介于欺诈与一般违规行为、欺诈行为与盈余管理的中间地带往往界限模糊，也需要进一步深入的探讨。此外，可以预期的是，随着金融创新的不断发展与深化，上市公司活动会逐渐以更加复杂的形式呈现，一些在市场上拥有信息或资源优势的“强势群体”，会以各种方式绕过金融监管以满足私人收益而罔顾中小投资者利益。这些行为可能从表面上看在现有法律框架内合法合规，然而行为的后果和本质仍然是欺诈中小投资者。为了避免这种情形的大量出现，应当对资本市场的进行及时的跟踪，对金融创新手段是否属于上市公司欺诈的范畴予以及时的界定。

7.3.2 各因素对上市公司欺诈行为的影响机制需要更加细化的研究

本书对大股东、管理层激励和证券分析师对上市公司欺诈行为的影响进行了理论和实证分析，考察了这些因素对公司欺诈的发生和发现过程的影响，研究结论同时涵盖了上市公司欺诈的原因和监管两个方面，但是对于这些因素影响机制的探讨仍不够充分。例如在第 3 章中对于控股股东与其他大股东通过“共谋”行为掩盖欺诈事件曝光，只能通过实证结果予以一定程度的推测，缺乏直接的证据；第 4 章对管理层激励的讨论中，限于样本获取的困难，只能以年为单位探讨高管的减持行为，无法具体的确定减持行为发生在欺诈事件曝光前还是曝光后，对这些问题希望在以后的工作中有机会进一步的观察、了解，进行更加细化的研究。

7.3.3　部分可观测问题的解决仍待发展

本书以 Bivariate Probit 估计作为主要的实证方法，在稳健性检验中结合了样本筛除、条件 Logit 等方法以最大限度降低部分可观测问题。对于当前用以降低部分可观测问题的另一主要方法条件概率替代法并未过多涉及。而不论哪种方法，都只能在一定程度上缓解部分可观测问题。部分可观测问题对研究造成的干扰依旧存在，研究结论自然也难免存在偏差。开拓更多创新的方法，尝试彻底解决部分可观测问题依然是未来金融监管研究领域的重要课题。此外，金融监管的研究可以尝试借鉴其他领域和学科的应用方法。比如在系统工程领域，有大量学者应用马尔科夫决策过程应对部分可观测问题，马尔科夫链决策过程同样被大量的应用于金融资产定价领域，但同样作为金融学科的研究领域，至今尚没有研究将其应用于金融监管的研究。

7.3.4　需要从更多角度探讨上市公司欺诈问题

限于篇幅和研究能力，本书从公司治理角色的角度，只探讨了大股东、管理层激励和证券分析师与上市公司欺诈行为之间的关系。当前国外学界对上市公司欺诈问题的研究已经形成一个丰富而庞大的体系，在很多方面国内均缺乏相应的借鉴和拓展。比如地区文化（Bereskin 等，2014），中国国土辽阔，各地区文化千差万别，文化差异究竟是否会导致不同地区上市公司欺诈行为的差异；比如公司总部的搬迁现象与上市公司欺诈（Paul 等，2015），中国上市公司注册地变更现象也十分普遍，这种现象是否与上市公司欺诈有显著关系。其他影响因素如公司经营政策（Erikson 等，2011）、宗教信仰（Dyreng 等，2012）、不同地区的监管强度（Kedia 和 Rajgopal，2011），等等。对于中国上市公司治理可能同样有重要的影响并表现出自有的显著特征，国内也均缺乏相应研究。此外，以 Dyck 等（2010）和 Karpoff 等（2008b）为代表，国外学界已经将对上市公司欺诈的研究拓展到欺诈的后果、欺诈的成本估算等多个维度，而国内还是主要局限于上市公司欺诈的原因或影响因素研究。未来需以上述研究为借鉴，对中国上市公司开展类似研究。

参考文献

[1] 白重恩，刘俏，陆洲，宋敏，张俊喜．中国上市公司治理结构的实证研究［J］．经济研究，2005（2）．

[2] 蔡志岳，吴世农．董事会特征影响上市公司违规行为的实证研究［J］．南开管理评论，2007（6）．

[3] 曹利．中国上市公司财务报告舞弊特征的实证研究［D］．上海：复旦大学，2004.

[4] 陈德萍，陈永圣．股权集中度、股权制衡度与公司绩效关系研究——2007—2009 年中小企业板块的实证检验［J］．会计研究，2011（1）．

[5] 陈关亭．我国上市公司财务报告舞弊因素的实证分析［J］．审计研究，2007（5）．

[6] 陈钦源，马黎珺，伊志宏．分析师跟踪与企业创新绩效——中国的逻辑［J］．南开管理评论，2017（3）．

[7] 陈习定，张芳芳，张顺明．分析师覆盖与盈余管理——来自中国上市公司的证据［J］．投资研究，2016（2）．

[8] 方军雄．我国上市公司高管的薪酬存在粘性吗？［J］．经济研究，2009（3）．

[9] 韩洁，田高良，封华．分析师跟进对并购绩效的影响研究［J］．系统工程理论与实践，2016（2）．

[10] 黄世忠，黄京菁．财务报表舞弊行为特征及预警信号综述［J］．财会通讯，2004（23）．

[11] 简建辉，黄平．股权性质、过度投资与股权集中度：证

券市场 A 股证据 [J]. 改革，2010 (11).

[12] 简玉峰，刘长生，股权集中度、股权制衡度与公司盈余管理研究——基于 A 股上市公司 2009—2011 年的实证数据 [J]. 会计之友，2013 (4).

[13] 李春涛，胡宏兵，谭亮. 中国上市银行透明度研究——分析师盈利预测和市场同步性的证据 [J]. 金融研究，2013 (6).

[14] 李春涛，宋敏，张璇. 分析师跟踪与企业盈余管理——来自中国上市公司的证据 [J]. 金融研究，2014 (7).

[15] 李平，林建飞，梁杰. 上市公司舞弊性财务报告违规特征分析 [J]. 财会通讯，2009 (11).

[16] 李维安，李滨. 机构投资者介入公司治理效果的实证研究——基于 CCGI - NK 的经验研究 [J]. 南开管理评论，2008 (1).

[17] 梁杰，王璇，李进中. 现代公司治理结构与会计舞弊关系的实证研究 [J]. 南开管理评论，2004 (6).

[18] 廖理，沈红波，郦金梁. 股权分置改革与上市公司治理的实证研究 [J]. 中国工业经济，2008 (5).

[19] 林莞娟，王辉，韩涛. 股权分置改革对国有控股比例以及企业绩效影响的研究 [J]. 金融研究，2006 (1).

[20] 刘立国，杜莹. 公司治理与会计信息质量关系的实证研究 [J]. 会计研究，2003 (2).

[21] 刘明辉，韩小芳. 财务舞弊公司董事会变更及其对审计师变更的影响——基于面板数据 Logit 模型的研究 [J]. 会计研究，2011 (3).

[22] 刘运国，高亚男. 我国上市公司股权制衡与公司业绩关系研究 [J]. 中山大学学报（社会科学版），2007 (4).

[23] 陆瑶，李茶. CEO 对董事会的影响力与上市公司违规犯

罪［J］．金融研究，2016（1）．

［24］陆瑶，朱玉杰，胡晓元．机构投资者持股与上市公司违规行为的实证研究［J］．南开管理评论，2012（1）．

［25］陆瑶，胡江燕．CEO与董事间“老乡”关系对公司违规行为的影响研究［J］．南开管理评论，2016（2）．

［26］罗玫，陈运森．建立薪酬激励机制会导致高管操纵利润吗？［J］．中国会计评论，2010（1）．

［27］潘越，戴亦一，刘思超．我国承销商利用分析师报告托市了吗？［J］．经济研究，2011（3）．

［28］潘越，戴亦一，林超群．信息不透明、分析师关注与个股暴跌风险［J］．金融研究，2011（9）．

［29］彭万林．民法学［M］．北京：中国政法大学出版社，2011.

［30］钱苹，罗玫．中国上市公司财务造假预测模型［J］．会计研究，2015（7）．

［31］秦江萍．会计舞弊的市场反应与识别：理论分析与经验证据［M］．北京：经济科学出版社，2006.

［32］沈华玉，吴晓晖．上市公司违规行为会提升股价崩盘风险吗？［J］．山西财经大学学报，2017（1）：83－94.

［33］宋希亮，张秋生，初宜红．我国上市公司换股并购绩效的实证研究［J］．中国工业经济，2008（7）：111－120.

［34］唐宗明，蒋位．中国上市公司大股东侵害度实证分析［J］．经济研究，2002（4）：44－50.

［35］万良勇，邓路，郑小玲．网络位置、独立董事治理与公司违规——基于部分可观测 Bivariate Probit 模型［J］．系统工程理论与实践，2014（12）．

［36］万良勇，胡璟．网络位置、独立董事治理与公司并购——来自中国上市公司的经验证据［J］．南开管理评论，2014（2）．

[37] 汪昌云，孙艳梅．代理冲突、公司治理和上市公司财务欺诈的研究 [J]. 管理世界，2010 (7).

[38] 王化成，曹丰，叶康涛．监督还是掏空：大股东持股比例与股价崩盘风险 [J]. 管理世界，2015 (2).

[39] 王利民，民法本论 [M]. 大连：东北财经大学出版社，2001.

[40] 王跃堂，朱林，陈世敏．董事会独立性、股权制衡与财务信息质量 [J]. 会计研究，2008 (1).

[41] 韦琳，徐立文，刘佳．上市公司财务报告舞弊的识别——基于三角形理论的实证研究 [J]. 审计研究，2011 (2).

[42] 魏刚．高级管理层激励与上市公司经营绩效 [J]. 经济研究，2000 (3).

[43] 魏志华，赵悦如，吴育辉．“双刃剑”的哪一面：关联交易如何影响公司价值 [J]. 世界经济，2017 (1).

[44] 吴革，叶陈刚．财务报告舞弊的特征指标研究：来自A股上市公司的经验数据 [J]. 审计研究，2008 (6).

[45] 吴超鹏，郑方镳，杨世杰．证券分析师的盈余预测和股票评级是否具有独立性？[J]. 经济学（季刊），2013 (3).

[46] 吴革，叶陈刚．财务报告舞弊的特征指标研究：来自A股上市公司的经验数据 [J]. 审计研究，2008 (6).

[47] 肖迪．资金转移、关联交易与盈余管理——来自中国上市公司的经验证据 [J]. 经济管理，2010 (4).

[48] 徐莉萍，辛宇，陈工孟．股权集中度和股权制衡及其对公司经营绩效的影响 [J]. 经济研究，2006 (1).

[49] 徐晓东，陈小悦．第一大股东对公司治理、企业业绩的影响分析 [J]. 经济研究，2003 (2).

[50] 许年行，江轩宇，伊志宏，徐信忠．分析师利益冲突、乐观偏差与股价崩盘风险 [J]. 经济研究，2012 (7).

［51］杨清香，俞麟，陈娜．董事会特征与财务舞弊——来自中国上市公司的经验证据［J］．会计研究，2009（7）．

［52］于鹏．股权结构与财务重述：来自上市公司的证据［J］．经济研究，2007（9）．

［53］张雪兰，何德旭．证券分析师利益冲突影响投资者利益吗——一个经验研究评述（1995—2007）［J］．金融研究，2008（7）．

［54］张宗新，杨万成．声誉模式抑或信息模式：中国证券分析师如何影响市场？［J］．经济研究，2016（9）．

［55］郑建明，黄晓蓓，张新民．管理层业绩预告违规与分析师监管［J］．会计研究，2015（3）．

［56］中国社会科学院语言研究所词典编辑室．现代汉语词典［M］．北京：外语教学与研究出版社，2002.

［57］朱红军，何贤杰，陶林．中国的证券分析师能够提高资本市场的效率吗——基于股价同步性和股价信息含量的经验证据［J］．金融研究，2007（2）．

［58］朱卫东，王丽娜，沈洁．机构投资者持股压力下证券分析师乐观倾向研究［J］．中国管理科学，2016（8）．

［59］Agrawal A，Cooper T. Insider trading before Accounting Scandals［J］. Journal of Corporate Finance，2015，34（5）：169－190.

［60］Agrawal A，Chadha S. Corporate Governance and Accounting Scandals［J］. Journal of Law and Economics，2005，48（2）：371－406.

［61］Agrawal A，Cooper T. Accounting Scandals in IPO Firms：do Underwriters and VCs help？［J］. Journal of Economics and Management Strategy，2010，19（4）：1117－1181.

［62］Agrawal A，Cooper T. Corporate Governance Consequences

of Accounting Scandals: Evidence from Top Management, CFO and Auditor Turnover [J]. Quarterly Journal of Finance 2017, 7 (1): 1 -41.

[63] Albrecht W S, Wrens G W, Williams T L. Fraud: Bring the Light to the Dark Side of Business [M]. New York: Irwin Professional Pub, 1995 (25): 45 -50.

[64] Anderson R. Founders and Financial Misrepresentation [Z]. Working paper, Emple University, 2015.

[65] Armstrong C S, Jagolinzer A D, Larcker D F. Chief Executive Officer Equity Incentives and Accounting Irregularities [J]. Journal of Accounting Research, 2010, 48 (2): 225 -271.

[66] Bank S A, Cheffins B R, Wells H. Executive pay: What worked? [J]. Journal of Corporation Law.

[67] Beasley M S. An Empirical Analysis of the Relation between the Board of Director Composition and Financial Statement Fraud [J]. The Accounting Review, 1996, 71 (4): 443 -465.

[68] Becker G. Crime and Punishment: an Economic Approach [J]. Journal of Political Economy, 1968, 76 (3): 169 -217.

[69] Beneish M D. The Detection of Earnings Manipulation [J]. Financial Analyst Journal, 1999, 55 (5): 24 -36.

[70] Bereskin F L, Campbell T L, Kedia S. Philanthropy, Corporate Culture and Misconduct [Z]. Working paper, University of Delaware, 2014.

[71] Biggerstaff L, et al. Suspect CEOs, unethical culture, and corporate misbehavior [J]. Journal of Financial Economics, 2015, 117 (1): 98 -121.

[72] Bizjak J, Lemmon M, Whitby R. Option backdating and board interlocks [J]. The Review of Financial Studies, 2009, 22

(11): 4821 -4847.

[73] Bologna G J, Lindquist R J. Accountants Handbook of Fraud and Commercial Crime [M]. New York: John Wiley & Sons Inc., 1993 (25): 110 - 115.

[74] Bologna G J, Lindquist R J. Fraud Auditing and Forensic Accounting: New Tools and Techniques [J]. New York: John Wiley & Sons Inc., 1995 (30): 140 - 143.

[75] Bonini S, Boraschi D. The Causes and Financial Consequences of Corporate Frauds in Entrepreneurship, Finance, Governance and Ethics [J]. Berlin: Springer Science + Business Media, 2013 (13): 295 -314.

[76] Brown N C, Crowley R M, Elliott W B. What are you saying? Using topic to detect financial misreporting [Z]. Working Paper, 2018, University of Delaware.

[77] Bryan A G. Black's Law Dictionary 8th editon [M]. West Group, 2004.

[78] Burns N, Kedia S. Executive Option Exercises and Financial Misreporting [J]. Journal of Banking and Finance, 2008, 32 (5): 845 -857.

[79] Burns N, Kedia S. The Impact of Performance - Based Compensation on Misreporting [J]. Journal of Financial Economics, 2006, 79 (1): 35 -67.

[80] Call A, Kedia S, Rajgopal S. Hush money: the Impact of Rank and File Stock Options on Employee Whistleblowing [Z]. Working Paper, Emory University, 2012.

[81] Calluzzo P, W Wei, S Wu. Catch me if you can: financial misconduct around corporate headquarters relocation [Z]. Working Paper, Queen's University, 2015.

[82] Cecchini M, Aytug H, Koeheler G J, Pathak P. Detecting management fraud in public companies [J]. Management Science, 2010, 56 (7): 1146 – 1160.

[83] Chambers D, Jennings R, Thompson R B. Managerial Discretion and Accounting for Research and Development Costs [J]. Journal of Auditing, Accounting and Finance, 2003, 18 (1): 79 – 114.

[84] Chen L, Song F M, Sun Z. The Financial Implications of Corporate Fraud [Z]. Working Paper, Chinese University of Hong Kong, 2012.

[85] Chidambaran N K, Kedia S, Prabhala N R. CEO – director Connections and Corporate Fraud [Z]. Working Paper, University of Maryland, 2010.

[86] Chiu P C, Teoh S H, Tian F. Board interlocks and earnings management contagion [J]. The Accounting Review, 2012, 88 (3): 915 – 944.

[87] Choi J J, Yuanzhi L, Connie X M. Employee Treatment and Corporate Fraud [Z]. Working Paper, Temple University, 2014.

[88] Claessens S, Djankov S, Lang L H P. The separation of ownership and control in East Asian Corporations [J]. Journal of Financial Economics, 2000, 58 (1): 81 – 112.

[89] Coffee J C. Understanding the Plaintiffs Attorney: The Implications of Economic Theory for Private Enforcement of Law through Class and Derivative Actions [J]. Columbia Law Review, 1986, 86 (4): 669 – 727.

[90] Conyon M J, He L. Executive Compensation and Corporate Fraud in China [J]. Journal of Business Ethics, 2016, 134 (4): 669 – 691.

[91] Core J, Guay W. Estimating the Value of Employee Stock

Option Portfolios and Their Sensitivities to Price Volatility [J]. Journal of Accounting Research, 2002, 40 (3): 613-630.

[92] Cornett M M, Marcus A J, Tehranian H. Corporate governance and pay-for-performance: the impact of earnings management [J]. Journal of Financial Economics 2008, 87 (2): 357-373.

[93] Correia M. Political Connections, SEC Enforcement and Accounting quality [Z]. Working Paper, London Business School, 2010.

[94] Cumming D, Johan S. Listing Standards and Fraud [J]. Managerial and Decision Economics, 2013, 34 (7-8): 451-470.

[95] Davidson R, Dey A, Smith A. Executives' "off-the-job" behavior, corporate culture, and financial reporting risk [J]. Journal of Financial Economics 2015, 117 (1): 5-28.

[96] Dechow P M, Ge W, Larson C R. Predicting Material Accounting Misstatements [J]. Contemporary Accounting Research, 2011, 28 (1): 17-82.

[97] Dechow P M, Hutton A P, Sloan R G. The Relation between Analysts' Forecasts of Long-Term Earnings Growth and Stock Price Performance Following Equity Offerings [J]. Contemporary Accounting Research, 2000, 17 (1): 1-32.

[98] Dechow P M, Sloan R G, Sweeney A P. Causes and Consequences of Earnings Manipulation: an Analysis of Firms Subject to Enforcement Actions by the SEC [J]. Contemporary Accounting Research, 1996, 13 (1): 1-36.

[99] Degeorge F, Ding Y, Jeanjean T, et al. Analyst Coverage, Earnings Management and Financial Development: An International Study [J]. Journal of Accounting and Public Policy, 2013, 32 (1): 1-25.

[100] Denis D. Is there a dark side to incentive compensation?

[J]. Journal of Corporate Finance 2006, 12 (3): 467 -488.

[101] Desai H, Hogan C E, Wilkins M S. Earnings Restatements and Management Turnover [J]. Accounting Review, 2011, 81 (1): 83 - 112.

[102] Doukas J A, Pantzalis C. The Two Faces of Analyst Coverage [J]. Financial Management, 2005, 34 (2): 99 - 125.

[103] Dyck A, Morse A, Zingales L. How Pervasive Is Corporate Fraud? [Z]. Working Paper, University of Chicago, 2013.

[104] Dyck A, Morse A, Zingales L. Who Blows the Whistle on Corporate Fraud? [J]. Journal of Finance, 2010, 65 (6): 2213 -2253.

[105] Dyreng S D, Mayew W J, Williams C D. Religious Social Norms and Corporate Financial Reporting [J]. Journal of Business Finance and Accounting, 2012, 39 (7 -8): 845 -875.

[106] Efendi J, Srivastava A, Swanson E P. Why Do Corporate Managers Misstate Financial Statements? The Role of Option Compensation and Other Factors [J]. Journal of Financial Economics, 2007, 85 (3): 667 -708.

[107] Eisenberg T, Macey J R. Was Arthur Andersen different? An empirical examination of major accounting firm audits of large clients [J]. Journal of Empirical Legal Studies, 2004, 1 (2): 263 -300.

[108] Erickson M, Heitzman S, Zhang X. F. Accounting fraud and the market for corporate control [Z]. Working paper, University of Chicago, 2011.

[109] Erickson M, Maydew E L. Is There a Link between Executive Equity Incentives and Accounting Fraud? [J]. Journal of Accounting Research, 2006, 44 (1): 113 - 143.

[110] Erickson M, Heitzman S, Zhang X. F. Accounting fraud and the market for corporate control [Z]. Working Paper, University

of Chicago, 2011.

[111] Fabozzi F J, Francis J C. Stability Tests for Alphas and Betas over Bull and Bear Market Conditions [J]. Journal of Finance, 1977, 32 (4): 1093-1099.

[112] Fama E F. Contract Costs and Financing Decisions [J]. Journal of Business, 1990, 63 (1): 71-91.

[113] Fama E F, Jensen M. Separation of Ownership and Control [J]. Journal of Law and Economics, 1983, 26 (2): 301-325.

[114] Feinstein J S. Detection Controlled Estimation [J]. Journal of Law and Economics, 1990, 33 (1): 233-276.

[115] Ferri F, R Zheng, Y Zou. Uncertainty about managers' reporting objectives and investors' response to earnings reports [J]. Journal of Accounting and Economics, 2018, 66 (2-3): 339-365.

[116] Fich E, Shivdasani A. Financial Fraud, Director Reputation, and Shareholder Wealth [J]. Journal of Financial Economics, 2007, 86 (2): 306-336.

[117] Fischer P E, Verrecchia R E. Reporting Bias [J]. Accounting Review, 2000, 75 (2): 229-245.

[118] Francis J R. What Do We Know About Audit Quality? [J]. The British Accounting Review, 2004, 34 (4): 345-368.

[119] Fulmer S, Knill A. Political Contributions and the Severity of SEC Enforcement [Z]. Working Paper, Florida State University, 2012.

[120] Gande A, Lewis C M. Shareholder-Initiated Class Action Lawsuits: Shareholder Wealth Effects and Industry Spillovers [J]. Journal of Financial and Quantitative Analysis, 2009, 44 (4): 823-850.

[121] Gerety M, Lehn K. The Causes and Consequences of Accounting Fraud [J]. Managerial and Decision Economics, 1997 (18): 587-599.

[122] Goldman E, Slezak S. L. An Equilibrium Model of Incentive Contracts in the Presence of Information Manipulation [J]. Journal of Financial Economics, 2006, 80 (3): 603 - 626.

[123] Graham J R, Li S, Qiu J. Corporate Misreporting and Bank Loan Contracting [J]. Journal of Financial Economics, 2008, 89 (1): 44 - 61.

[124] Grossman S J, Hart O D. Takeover Bids, the Free - Rider Problem, and the Theory of the Corporation [J]. The Bell Journal of Economics, 1980, 11 (1): 42 - 64.

[125] Hahn P R, Murray J, Manolopoulou I. A Bayesian partial identification approach to inferring the prevalence of accounting misconduct [J]. Journal of the American Statistical Association, 2016, 111 (513): 14 - 26.

[126] Hass L H, Muller M A. Vergauwe S. Tournament Incentives and Corporate Fraud [J]. Journal of Corporate Finance, 2015, 34 (7): 251 - 267.

[127] Hass L H, Tarsalewska M, Feng Z. Equity Incentives and Corporate Fraud in China [J]. Journal of Business Ethics, 2016: 1 - 20.

[128] Healy P M, Palepu K G. Information Asymmetry, Corporate Disclosure, and the Capital Markets: A Review of the Empirical Disclosure Literature [J]. Journal of Accounting and Economics, 2001, 31 (1 - 3): 405 - 440.

[129] Hertzberg A. Managerial Incentives, Misreporting, and the Timing of Social Learning: a Theory of Slow Booms and Rapid Recessions [Z]. Working Paper, Columbia University, 2005.

[130] Hoberg G, Lewis C. Do fraudulent firms produce abnormal disclosure? [J]. Journal of Corporate Finance, 2017 (43): 58 - 85.

[131] Hong H, Kubik J D. Analyzing the Analysts: Career Con-

cerns and Biased Earnings Forecasts [J]. Journal of Finance, 2003, 58 (1): 313 -351.

[132] Jensen M C. The Takeover Controversy: Analysis and Evidence [J]. Midland Corporate Finance Journal, 1986, 4 (2): 6 -32.

[133] Jensen M C, Meckling W. Theory of the firm: Managerial Behavior, Agency Costs and Ownership Structure [J]. Journal of Financial Economics, 1976, 55 (1): 81 -106.

[134] Jensen M C, Ruback R S. The Market for Corporate Control: The Scientific Evidence [J]. Journal of Financial Economics, 1983, 11 (1): 5.

[135] Johnson S A, Ryan H E, Tian Y S. Managerial Incentives and Corporate Fraud: the Sources of Incentives Matter [J]. Review of Finance, 2009, 13 (1): 115 -145.

[136] Jones C, Weingram S. The Determinants of 10b -5 Litigation Risk [Z]. Working Paper, Stanford Law School, 1996.

[137] Judson C, Michelle H. Dividend Policy at Firms Accused of Accounting Fraud [J]. Contemporary Accounting Research, 2013, 30 (2): 818 -850.

[138] Kale J R, Reis E, Venkateswaran A. Rank -order Tournaments and Incentive Alignment: The Effect on Firm Performance [J]. Journal of Finance, 2009, 64 (3): 1479 -1512.

[139] Karpoff J M, Lou X. Short Sellers and Financial Misconduct [J]. Journal of Finance, 2010, 65 (5): 1879 -1913.

[140] Karpoff J M, Koester A, Lee D S, Martin G S. A Critical Analysis of Databases Used in Financial Misconduct Research [Z]. Working paper, University of Washington, 2012.

[141] Karpoff J M, Lee D S, Martin G S. The Consequences to Managers for Financial Misrepresentation. What Do We Know About

Audit Quality [J]. Journal of Financial Economics, 2008b, 88 (1): 193 - 215.

[142] Karpoff J M, Lee D S, Martin G S. The Costs to Firms of Cooking the Books [J]. Journal of Financial and Quantitative Analysis, 2008a, 43 (3): 581 - 612.

[143] Karpoff J M, Lee D S, Vendrzyk V. Defense Procurement Fraud, Penalties, and Contractor Influence [J]. Journal of Political Economy, 1999, 107 (4): 38 - 78.

[144] Karpoff J M, Koester A, Lee D S, Martin G S. Proxies and databases used in financial misconduct research [J]. The Accounting Review, 2017, 92 (6): 129 - 163.

[145] Karpoff J M, LEE D S, Vendrzyk V P. Defense procurement fraud, penalties, and contractor influence [J]. Journal of Political Economy, 107 (4): 38 - 78.

[146] Kedia S, Philippon T. The Economics of Fraudulent Accounting [J]. Review of Financial Studies, 2009, 22 (6): 2169 - 2199.

[147] Kedia S, Rajgopal S. Do the SEC's Enforcement Preferences Affect Corporate Misconduct? [J]. Journal of Accounting and Economics, 2011, 51 (3): 259 - 278.

[148] Kim Y, H Li, S Li. Corporate social responsibility and stock price crash risk [J]. Journal of Banking and Finance, 2014, 43 (1): 1 - 13.

[149] Klein A. Audit Committee, Board of Director Characteristics, and Earnings Management [J]. Journal of Accounting and Economics, 2002, 33 (3): 375 - 400.

[150] Kluger B D, S L Slezak. Signal jamming models of fraudulent misreporting and economic prospects: An experimental investigation

[J]. Journal of Economic Behavior and Organization, 2018, 151: 254 - 283.

[151] Knyazeva D. Corporate Governance, Analyst Following, and Firm Behavior [Z]. Working Paper, University of Rochester, 2007.

[152] Kumar P, Langberg N. Corporate Fraud and Investment Distortions in Efficient Capital Markets [J]. The RAND Journal of Economics, 2009, 40 (1): 144 - 172.

[153] La P, Rafael, Lopez - De - Silanes F, Shleifer A. What Works in Securities Laws? [J]. Journal of Finance, 2006, 61 (1): 1 - 32.

[154] La Porta, Rafael, Shleifer A. Corporate Ownership around the World [J]. Journal of Finance, 1999, 54 (2): 471 - 517.

[155] Larcker D F, Zakolyukina A A. Detecting deceptive discussions in conference calls [J]. Journal of Accounting Research, 2012, 50 (2): 495 - 540.

[156] Levitt A. The "numbers game" [J]. CPA Journal, 1998 (68): 14 - 18.

[157] Li M, Makaew T, Winton A. Cheating in China: Corporate Fraud and the Roles of Financial Markets [Z]. Working paper, Tsinghua University, 2015.

[158] Li S. Corporate Financial Fraud: an Application of Detection Controlled Estimation [Z]. Working Paper, Wilfrid Laurier University, 2010.

[159] Lindahl - Stevens M. Redefining Bull and Bear Markets [J]. Financial Analysts Journal, 1980, 36 (6): 76 - 77.

[160] Lipton M, J W Lorsch, 1992, A Modest Proposal for Improved Corporate Governance [J]. The Business Lawyer, 1992, 48 (1): 59 - 77.

[161] Liu X. Corruption culture and corporate misconduct [J].

Journal of Financial Economics, 2016, 122 (2): 307 - 327.

[162] Maksimovic V, S Titman. Financial policy and reputation for product quality [J]. The Review of Financial Studies, 1991, 4 (1): 175 - 200.

[163] Merle Erickson, Shane Heitzman, X Frank Zhang. Accounting Fraud and the Market for Corporate Control [Z]. Working Paper, University of Chicago, 2011.

[164] Miller G S. The Press as a Watchdog for Accounting Fraud [J]. Journal of Accounting Research, 2006, 44 (5): 1001 - 1033.

[165] Murphy D L, Shrieves R E, Tibbs S L. Understanding the Penalties Associated with Corporate Misconduct: an Empirical Examination of Earnings and Risk [J]. Journal of Financial and Quantitative Analysis, 2009, 44 (1): 55 - 83.

[166] Nelson M, Elliott J, Tarpley R. How Are Earnings Managed? Examples from Auditors [J]. Accounting Horizons (Supplement), 2003: 17 - 35.

[167] O'Connor J P, Priem R L, Gilley J. Do CEO stock options prevent or promote fraudulent financial reporting? [J]. Academy of Management Journal, 2006, 49 (3): 483 - 500.

[168] Palmrose Z V, Richardson V J, Scholz S. Determinants of Market Reactions to Restatement Announcements [J]. Journal of Accounting and Economics, 2004, 37 (1): 59 - 89.

[169] Paul Calluzzo, Wei Wang, Serena Wu. Catch Me if You Can: Financial Misconduct Around Corporate Headquarters Relocation [Z]. Working Paper, Queen's University, 2015.

[170] Peng L, A Röell. 2014, Managerial Incentives and Stock Price Manipulation [J]. Journal of Finance, 2014, 69 (2): 487 - 526.

[171] Poirier D J. Partial Observability in Bivariate Probit Models [J]. Journal of Econometrics, 1980, 12 (2): 209 -217.

[172] Pound J, Raiders. Targets, and Politics: The History and Future of American Corporate Control [J]. Journal of Applied Corporate Finance, 1992, 5 (3): 6 -18.

[173] Povel P, Singh R, Winton A. Booms, Busts, and Fraud [J]. Review of Financial Studies, 2007, 20 (4): 1219 -1254.

[174] Richardson S A, Richad G, Sloan, Mark T, Soliman, Irem. The implications of accounting distortions and growth for accruals and profitability [J]. The Accounting Review, 2006, 81 (3): 713 -743.

[175] Rijsenbilt A, Commandeur H. Narcissus enters the courtroom: CEO narcissism and fraud [J]. Journal of Business Ethics 2013, 117 (2): 413 -429.

[176] Schrand C M, Zechman S L. Executive overconfidence and the slippery slope to financial misreporting [J]. Journal of Accounting and Economics, 2012, 53 (1): 311 -329.

[177] Shi W, Connelly B L, Hoskisson R E. External corporate governance and financial fraud: Cognitive evaluation theory insights on agency theory prescriptions [J]. Strategic Management Journal, 2017, 38 (6): 1268 -1286.

[178] Shleifer A, Vishny R W. A Survey of Corporate Governance [J] Journal of Finance, 1997, 52 (2): 737 -783.

[179] Srinivasan S. Consequences of Financial Reporting Failure for Outside Directors: Evidence from Accounting Restatements [J]. Journal of Accounting Research, 2005, 43 (2): 291 -334.

[180] Stein J C. Efficient Capital Markets, Inefficient Firms: a Model of Myopic Corporate Behavior [J]. Quarterly Journal of Econom-

ics, 1989, 104 (4): 655 -669.

[181] Stein L C, Wang C C. Economic uncertainty and earnings management [Z]. Working Paper, Arizona State University, 2016.

[182] Tian X, Udell G, Yu X. Disciplining delegated monitors: the consequences of failing to prevent fraud [Z]. Working Paper, Indiana University, 2012.

[183] Troy C, Wingreen S C, Blanton J E. CEO demographics and accounting fraud: Who is more likely to rationalize illegal acts? [J]. Strategic Organization, 2011, 9 (4): 259 -282.

[184] Wang T Y, A Winton, Xiaoyun Yu. Corporate Fraud and Business Conditions: Evidence from IPOs [J]. Journal of Finance, 2010, 65 (6): 2255 -2292.

[185] Wang T Y. Corporate Securities Fraud: Insights from a New Empirical Framework [J]. Journal of Law Economics and Organization, 2013, 29 (3): 535 -568.

[186] Wang T, Winton A. Competition and Corporate Fraud Waves [Z]. Working Paper, University of Minnesota, 2012.

[187] Wang T Y. Securities Fraud: An Economic Analysis [Z]. Working Paper, University of Minnesota, 2006.

[188] Xiaonian Xu, Yan Wang. Ownership Structure, Corporate Governance, and Corporate Performance: The Case of Chinese Stock Companies, Policy Research [Z]. Working Paper, World Bank, Economic Development Institute, 1997.

[189] Xu N, X Li, Q Yuan, K C Chan, 2014, Excess perks and stock price crash risk: Evidence from China [J]. Journal of Corporate Finance, 2014, 25 (2): 419 -434.

[190] Yu F. Analyst Coverage and Earnings Management [J]. Journal of Financial Economics, 2008, 88 (2): 245 -271.

[191] Yu F, Yu X. Corporate Lobbying and Fraud Detection [J]. Journal of Financial and Quantitative Analysis, 2011, 46 (6): 1865 - 1891.

[192] Yu X. Securities Fraud and Corporate Finance: Recent Developments [J]. Managerial and Decision Economics, 2013, 34 (7 - 8):439 - 450.

[193] Yu F F. Analyst coverage and earnings management [J]. Journal of financial economics, 2008, 88 (2): 245 - 271.

[194] Zakolyukina A A. How Common Are Intentional GAAP Violations? Estimates from a Dynamic Model [J]. Journal of Accounting Research, 2018, 56 (1): 5 - 44.

后记

博士论文的撰写是一个漫长的过程，在这个过程中我得到过很多人无私的帮助与馈赠，在此要一一表达我诚挚的谢意。

首先要感谢的一定是我的导师胡海峰教授。恩师著作等身，成果斐然，欲入门下为弟子者甚多。初恩师不嫌我资质愚钝，将我收纳门下，使我得偿所愿，已是十分庆幸。之后 5 年的师大生涯，恩师于我耐心培养、悉心教诲，使我的理论水平快速提升。对于论文选题和研究方法的选择，老师一边耐心听取我的想法，一边给予诚恳建议，让我茅塞顿开，才使论文得以顺利进行。恩师涉猎广泛，除了经济学，于文学、历史、哲学学科等均有造诣，与其交谈常可激发我的阅读兴趣，主动于不详处仔细查阅，让我的知识体系逐渐充实。恩师教诲不止于言传，更在身教。5 年来观恩师行事，为之动容。恩师已功成名就，却仍勤耕不辍，每次相见均书卷在手；恩师才思敏捷，反应过人，常与之言未过半，已知我心中之意，所答之言皆在心坎；恩师热心助人，就我所知已有诸多非门下弟子曾受恩惠，排忧解难，我不知者更有几多。与老师相见时常睹有事登门或来电者，无论关系亲疏，无论职责所在，恩师皆耐心解答，尽力相助，神色间毫无厌烦之情。常以己为热心之人，然见师之所为，难忘项背，不觉更为钦佩。作为恩师目前唯一的硕博连读生，与之相处时日最长，每思至此，窃喜不已。有如此导师引路，实乃人生一大幸事。

除了自己的导师，我要感谢硕博期间所有的授课老师，博士论文的完成离不开你们授予我的知识以及每堂课上潜移默化的学术训练。要特别感谢王正位老师，老师与我同为“80后”，彼此之间轻松愉快的交流让我体验到另一种师生之情，而作为国内青年学者之翘楚，正位老师深厚的科研功底则令我折服。感谢在开题答辩时为我指导的申嫦娥教授、李锐教授和钟伟教授，三位老师提出的中肯意见使我少走弯路，对选题的肯定则令我信心倍增。

此外，我要感谢我的博士同窗仇勇、李飚、文磊、林薛栋、魏荣桓、李娜、刘雯等同学。正是有了他们，才使我在研究过程中遇到的许多问题与困惑迎刃而解。课余时间我们一起出游、聚餐、打羽毛球，构筑了深厚的友谊，希望我们能成为一生的朋友。

最后，要感谢我的父母。青春期的叛逆，人生路上的挫折，父母皆用耐心与鼓励助我前行。父母皆喜读书之人，从我呀呀学语时便给予我文化的熏陶，少年时不知何用，今近而立，惊觉文化之功效，让我在未来的道路上充满力量。父母亦曾为博士学位苦读，身教之力促我在学业的道路一直坚持。论文撰写的关键阶段于家中完成，压力重重让我愁眉紧锁，但每日有父亲做饭，母亲陪伴，如今思之甜多过苦。家中书桌亦曾是母亲行文之地，一日母亲指其言，这里要制造出两个博士啦。与我相视一笑，幸福之感油然而生。

在论文行将完成之际，我发现自己收获的不仅仅是眼前数万字的研究成果，写作过程中对自己人格的重塑让我更加欣喜。我逐渐学会情绪不再浪费于无足轻重的琐碎小事，明白专注的过程本身就带来愉悦而无关乎结果，懂得将时间付与充实的劳动，不虚度年华才是人生最紧要之事……

所以，感谢这5年时光。